世纪波
Century Wave

引导改变培训

从课程设计到工作坊设计

林士然 著

電子工業出版社
Publishing House of Electronics Industry
北京 · BEIJING

图书在版编目（CIP）数据

引导改变培训：从课程设计到工作坊设计 / 林士然著．—北京：电子工业出版社，2020.3
ISBN 978-7-121-37631-3

Ⅰ．①引…　Ⅱ．①林…　Ⅲ．①企业管理－职工培训　Ⅳ．① F272.92

中国版本图书馆 CIP 数据核字（2019）第 230431 号

责任编辑：吴亚芬
印　　刷：三河市良远印务有限公司
装　　订：三河市良远印务有限公司
出版发行：电子工业出版社
　　　　　北京市海淀区万寿路 173 信箱　邮编：100036
开　　本：720×1 000　1/16　印张：13　字数：191 千字
版　　次：2020 年 3 月第 1 版
印　　次：2020 年 3 月第 1 次印刷
定　　价：59.00 元

凡所购买电子工业出版社图书有缺损问题，请向购买书店调换。若书店售缺，请与本社发行部联系，联系及邮购电话：（010）88254888，88258888。

质量投诉请发邮件至 zlts@phei.com.cn，盗版侵权举报请发邮件至 dbqq@phei.com.cn。

本书咨询联系方式：（010）88254199，sjb@phei.com.cn。

前 言

PREFACE

第一，这是一本写给企业内训师和职业培训师的书，是一本探索如何将引导（Facilitation）与培训深层次融合落地的书，是一本帮助企业内训师和职业培训师面向未来转型并重新找回培训初心的书。

第二，这也是写给培训管理者和课程设计者的书。引导，应作为一种培训理念和工作方式出现在学习项目设计和课程设计开发中，从而改造学习项目设计的结构和升级培训课程的交付过程，而不应只是一门类似培训培训师的培训（Training the Trainer to Train，TTT）课程。

第三，这还是写给职业引导师这个目前仍是小众群体的书。这本书很可能使其对引导有更丰富的认识，对在工作坊中如何将引导与培训相融合有更多的启发或共鸣，也很可能帮助其提升自己用引导服务客户的能力。

当前，很多的国内外公司、机构和个人都发现了引导的巨大价值，也都尝试着借助商业的力量助推引导技术的传播。让人欣喜的是，面对越来越多的客户时，人们不需要再解释引导的工作方式，以及引导与培训的区别。但同时，因为 Facilitation 有不同的中文翻译，而且引导师水平参差不齐，很多人对 Facilitation 产生了认知困扰，甚至出现了引导分不同派别这样有趣的误会。如何既能够享受百家争鸣的知识盛宴，又能在观点风暴震荡过后拨云见日，把握引导的本质和规律，是很多刚接触引导和工作坊的小伙伴们的深层次、一致的诉求。2016 年 10 月 1 日，我和一群研究引导的小伙伴们创建了引导规律研究院，旨在探索到底什么是引导，希望更多人能够理解 Facilitation 不等同于引导、引导不等同于引导技术、引导技术不同等于引导工具，也希望更多人与我们一起努力，推动引导技术在中国的创新与发展。

引导技术应用的主载体是工作坊（Workshop），当人们把目光聚焦到工作坊的时候，人们会发现引导的更大价值。

市面上关于工作坊的书籍不多，我希望借助本书让大家对工作坊有更多的认识和了解，更希望使大家知道，无论是战略解码、复盘、拆书、经验萃取，还是文化共创、跨部门协作、问题分析与解决都属于工作坊的范畴，也都需要运用引导技术。

从培训的角度来看，传统的以胜任素质模型为基础的知识、概念和技能培训已经很难激发新学员的兴趣，因为这类课程往往只是“看上去很美”，而引导师推崇基于工作任务和以问题为中心的教学方式，推崇用工作坊代替传统的培训。因为引导师相信，从学习载体来看，真实且悬而未决的问题是群策群力的诱因，而共同面对重要、紧急、利益相关和需要达成共识的问题时是组织学习、团队成员获得积极参与的动力源泉的最佳时机；从学习内容来看，在现场解决问题过程中展示技能，在经验交流和思路碰撞中反思改进，以及将解决问题和开展学习直接结合起来，都更有助于强化成年人的习得效果；从学习体验来看，在新的规则和场域下，面对共同的目标、任务和焦点，不仅有助于学员打开自我，彼此连接和团队融合，而且还有助于组织的社群特征强化和组织经验传播；最后，从学习支持来看，谁更懂得带领学员群策群力、得到真实可用的产出、催化认知转变、开启新的行动，谁就能够真正及时地支持业务，谁就是真正的学习发展人才，谁就是组织不可替代的核心骨干。

虽然人们处在一个互联网的时代，人与人之间的信息差被快速消除，但是人们的观念与思维模式基于惯性仍然有滞后性。中国培训市场的发展水平严重不均衡，引导技术的普及也是如此。当前一线城市对引导工具的热捧之风基本上已经过去，大家更关注的是如何将引导技术与企业实际相结合，而在二三线城市，仍有很多传统的培训师和内训师伙伴们只是听说过引导技术或引导式培训。如何以更快的速度让更多人了解引导？阅读引导书籍无疑是一种方便快捷且成本低廉的方式。

我希望更多的伙伴们能够跟我一起努力，朝着引导式培训更高的山顶攀登，让自己成为行业变革先锋，让引导改变培训，让引导的力量渗透到更多组织中，最终让组织和个人发生新的、积极的变化。

谨以此书感谢我的家人，感谢他们一路的支持和陪伴；并将本书献给引导规律研究院的小伙伴们，希望本书让你们想起当初一起学习交流的画面，也希望这本书能像及时雨一样，随时滋润你们成长，祝福早日实现自己的梦想。

时不我待，本书有不少观点稍显夸张，望读者朋友包涵和理解。

林士然

目录

CONTENTS

第4章 将培训与引导融合于工作坊

第5章 高级引导技巧

第 1 章

培训变革进行时

今天回看10年前的咨询和培训行业，感觉是变化很大又不是很大，若把镜头聚焦拉近，则会发现，如同人们静观河流、大海，表面看似平静、波澜不惊，实则暗流涌动、汹涌澎湃。有时候，跟朋友聊起培训行业这些年的发展和变化，我脑海中经常会出现这样的画面：在观海的人群中，前面的人已经发现疯狂的潮水正在势不可当地奔涌过来，而后面的人还在为大海的幽静和美丽欢呼雀跃。我想从学习人群（学员）、业务部门（培训的客户方）、培训职能和培训交付4个维度呈现当下培训行业的部分事实，跟我一起开始吧。

1.1 学习人群不同了

当前人们生活在一个和平发展的时代，人们在奋斗中追寻着一个又一个的希望和梦想。梦想推动了社会的进步，也影响和带动了其他人的梦想。企业作为驱动社会进步的重要机器、作为重要的生存发展的载体机构，让一批又一批的员工成为训练有素的职业人，反过来这一批职业人也在试着改造企业，让企业不再是冰冷的机器，而是他们心目中理想的样子。作为微观的个体，人们不是这个洪流的旁观者，每个人也在政治、经济、社会和科技大潮中不断地调整和发展着，无论是迫于压力，还是为了梦想，抑或只是顺着惯性。时间推动了人们的改变，受众群体的变化，正如同大风携带着泥沙，给培训从业者带来了前所未有的压力。

1. 务实的价值观影响了人们对培训的反应

人们常用“理想很丰满、现实很骨感”来形容理想和现实的冲突。就近来看，我发现身边的年轻伙伴们有一个显著的变化，就是都渴求更加务实的培训，尤其是那种学了之后很快就可以帮助自己升职加薪的工具类课程，而那些很有道理但很难帮助自己变现的课程对他们来说不仅形同“鸡肋”，而且学习起来也是一种煎熬。这在一定程度上，要求培训发起人和培训组织者不能完全按照自己脑海中的习惯和规划来组织培训，因为很大部分的学员已经不再是对世界充满好奇且对知识抱有耐心的“幼儿园孩子”，而是一群“脚踏实地”“渴求变现”“急功近利”，甚至“唯利是图”的成年人了。大势所趋，从人性的这个角度看，如果培训组织者继续设计系统、周全和耗神费力的课程项目，只能换来“仅出席”和“敷衍”。

2. 科技的高速发展拉高了人们对体验的追求

学习到底是一件令人愉悦的事情，还是一件让人痛苦的事情，这两个观点的差异主要在于视角的不同和评判维度的不同。站在受众一边，如果有选择，我相信绝大部分人都希望在学习的过程中追求更轻松舒适和愉悦的体验。传统培训往往假设学员还是那一批“两耳不闻窗外事、一心只读圣贤书”的莘莘学子，由此，基于“No Pain No Gain”（不辛苦，无收获）的逻辑，强行牵拉学员的注意力、压抑学员多样的个性与需求，以适应教学的需要。然而，在Wi-Fi笼罩之下，这种美好的想法早已经被手机和互联网冲击得七零八落。另外，互联网带来的平等和无边界也在影响着人们的观点和看法，传统培训中不真正考虑学员的真实人性的做法，可能短期内也有效果，但早已经违背了人类文明的进程。我们不能再期待成年人像初生婴儿一样单纯可爱。人们对学习体验的复杂诉求需要分层次去体会和感受，并积极地去影响和引导。马斯洛需求层次理论需要重新“出山”，评审和指导教学过程。

3. 学员自我意识的发展让组织面临两难处境

一个有目标且对成长负责任的员工往往对自己是有规划的，而不是一味地随波逐流和任人摆布。新兴的90后、00后员工与70后、80后在本质上并没有区别，我更喜欢从欣赏的角度看他们，他们只是渴望更多的自由和空间，只是比 70 后和 80 后早熟和现实一些，对人生的价值和意义看得更透一些。他们不愿意把工作和公司当作一切（公司是靠不住的），他们为公司工作，同时也期望公司为自己工作（自己成长为自己喜欢的样子更重要）。“我”的概念更突出，是一件让组织既兴奋又痛苦的事情，毕竟大多数组织仍然期望员工敬业和鞠躬尽瘁。在权力和空间的争夺中，代表资本的公司整体看起来是相对强势的一方，然而借助互联网文化和平台，个体的普遍诉求也在促使组织愿意坐下来协商，然而可惜惯用的培训福利并不是最吸引人才的最佳方式；公司本质上是追求效率和效益的，是期望众人来帮忙解决问题、创造客户和产生利润的，培训这件事如果跟这个本质有矛盾，自然无法得到重视。举例来说，虽然培养基本的职业素养应该是员工个体的事情，但是总得有组织为加速这个过程投入，在矛盾和两难中，精明的公司总是会有所控制，只有使训练后的“我”创造更多价值，公司才会大气。

4. 把讨好和取悦年轻的新员工当成有效的成功策略

当今，大多数企业都把讨好和取悦年轻的新员工当成有效的成功策略。其实，讨好和取悦年轻的新员工，不一定是成功和有效的策略。而是要从马斯洛需求层次理论出发，真正为他们塑造轻松展示才华的空间，打造坦诚、直接沟通的氛围；给予他们真实的反馈，而不只是表扬或批评；发展组织的工作社群关系，让他们在成长中找到归属感；使他们跟比自己更优秀的人在一起，借助高的人才密度使成长的收益更显著；使他们更快速地理解公司运作的原理和商业的秘密，甚至主动培养使“他们的翅膀变硬”的本领。以人性需求的不变应对万变的学员，或许是更加明智的成功策略。

1.2 客户方变清醒了

先讲个故事。某个业务部门对培训的价值和功能一开始并不清楚，因为培训部门是老板直接组建的，因为隔行如隔山，所以业务部门对于培训有点摸不着头脑。而培训部门刚开始也不清楚自身的职能和责任，只是在完成一次又一次的培训和项目之后，才开始找到了自己的定位，而业务部门也开始理解培训所能传递的价值了。在这个故事里面，因为业务部门没有机会去先进的单位看它们的培训是怎么做的，而且这不是他们关注的焦点，所以培训部门的培训水平不取决于本单位业务部门的需求，而是基于是否虚心好学和反思改进。然而，经过近20年的密集培训和发展，传统培训所能传递的新东西已经寥寥无几了，培训部门开始无法满足业务部门求新求实的需要了，而业务部门开始认真思考培训这件事情，并把自己的诉求主动反馈给培训部门……

1. 市场竞争加剧，组织应对问题和突发状况的速度也被迫加快了

为了适应市场竞争的节奏变化，很多企业已经更多地将决策权授权给一线和基层人员。反过来这种权力下放又激发了人的主动性和灵活性，从而让竞争加剧。在传统组织里，如果市场上有新的变化，总是要先汇报给领导者或偶尔被领导者提前感知，之后据此再制定决策，之后再交由下级管理者理解和执行，而之后管理者再传递给一线人员，整个决策链条不仅长而且缺乏灵活性。这样的信息链和决策链条“滋生”了大量的培训需要，人们不仅要理解不同层级的信息，还要将复杂的信息变为行动。现在不同了，面对问题的人群要成为解决问题的主体，及时地想出解决问题的方案比等要他人给出决策更靠谱。由此，一线人员真实的需求是如何面对复杂又紧急的问题，如果谁能够帮助他们解决问题、达成目标，谁就是真正的支持力量，否则对于他们来说就是干扰力量。

2. 问题越来越新、越来越复杂，管理者不再是拥有答案的人

虽然有人认为自始至终，人类面对的任务仍然是如何与世界处理好关系，具体来说，就是更好地改造世界和改造自己。但是人们不得不承认的是，相比

于10年前自己担心的事情，现在让自己烦恼的事情更加复杂了，这不仅仅是因为成长了，更是因为信息和数据在成倍地增长而且纵横交错、盘根错节，处理的问题本质或许没有变化，但是处理问题的难度在不断挑战自己的一个又一个极限。由此，在过往的管理模式里面，师傅带徒弟是很有效的，因为经验的积累就是智慧的积累，而现在发现，没有几个人敢称自己能够从容轻松应对当下的问题和未来的风险。不论是勤奋老道的管理者还是精明聪颖的业务骨干，大家似乎都拥有新问题的一角，唯有将每个人手上的一角拼接起来，才能看到答案的全部。尽管组织中的英雄人物依然存在，同时人们又不得不承认，唯有共创和达成共识，人们才能更好地面对未来，群策群力已经从工作技能变为“工作任务”和“工作方式”了。

3. 达成共识越来越必要、重要，然而挑战也越来越大

达成共识对于管理者来说是一把双刃剑，因为虽然更深层次的共识能够提升执行效率，但是达成共识所需要面对的挑战会考验管理者的水平。达成共识远比传递信息难得多，而让利益相关者提前参与是有效的做法。选择这种做法的代价是：一方面，增加了利益相关方的机会成本；另一方面，将管理者的管理水平真实地暴露在众人面前，这本质上是需要勇气的。同时，正如有些管理者所担心的，一旦广开言路，“七嘴八舌”就得到了释放，而且不同学员的观点、想法之间的碰撞也是需要花费时间的。然而，这一切又在冲击着管理者的心智模式和管理风格，管理者需要从一个人的快速决策转换为集合群智的复杂、缓慢决策，而且要确保效率与共识的平衡。如果缺乏这方面的刻意练习，那么大部分管理者将很难转变。

4. 业务发起人对培训的价值期待发生了转变

时间已经成为重要的限制性资源。在问题不突出、业绩顺风顺水的情况

下，培训更多地被认为是一种锦上添花的事情，或者是一种奖励，因此没有人会拒绝培训。但为什么越来越多的人不喜欢传统培训呢？不仅因为培训方式需要升级、人的惰性需要管理，还因为培训总是“看起来很好”“听起来很美”，但是“闻起来不妙”“摸起来扎手”。从当前来看，传统培训虽然仍带有福利的色彩，但如果一个业务发起人在团建和解决问题之间必须做出一个决策时，则绝大多数理智的管理者肯定会选择后者。因为一方面，如果后者解决不了，则前者就是“空中楼阁”；另一方面，业务管理者知道技能发展需要在“战场”上，而不是在课堂上，正如优秀的渔夫是在搏击海浪的过程中成长起来的一样。对组织来说，梦想和期望驱使团队前行，而不是音乐、烧烤和团建。培训，如果再不能显现出对目标达成和绩效提升的价值，则终将被当作“鸡肋”抛弃。

1.3 培训转型主动了

支持业务持续发展是组织设计培训职能的原点，业务对培训的反馈和评价直接反映培训工作的好坏。随着公司业务的发展，很多新的职能滋生出来，培训部门也成了承揽新职能的“重灾区”，于是培训所担负的职能日趋复杂，有时甚至连培训部门的员工都不清楚到底哪个是自己真正的老板，哪些工作最能彰显自己的价值。在学习人群和业务部门清醒和转变的同时，一批先进的公司嗅到变革的味道，主动地跟上变化，甚至借助国外先进的技术或者老板的鼓励开始做出新的突破和尝试，并由此推动了培训行业的大船调转航行的方向。在培训转型的过程中，人们不得不去赞扬那些优秀的企业大学校长和培训负责人，因为在他们的工作转换和职场发展过程中，不仅把先进的理念、经验和做法带到了落后的单位，而且实现了自我价值，更是触发了培训职能的转型。

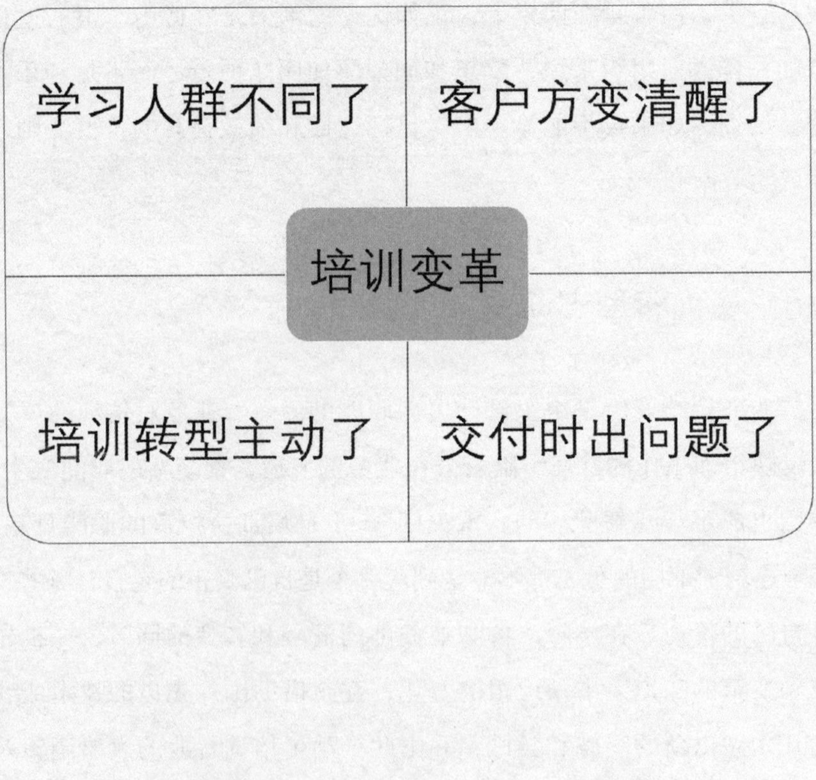
学习人群不同了
客户方变清醒了
培训变革
培训转型主动了
交付时出问题了

先从课程开发这件事情说起，很多企业的课程开发都经历过求量到求质的转变过程。前期多快好省、不计后果地开发出一大堆课程，但在成果发布、项目结束后往往都束之高阁了。为了避免这种尴尬每年都发生，企业开始考虑减少课程开发的数量，转而求精，于是，选定和开发一门课程变成“浩大的工程”。历经数十次修改，课程开发方案终于定稿，没有两百页内容、少于“课程开发 6 件套”都不好意思叫作精品课程。（有意思的是，精品课程开发的费用跟之前的课程开发相比也没有节省。）之后，培训部门开始内外两条腿走路，一方面，加大对外宣传的力度、争取奖项；另一方面，对内召集大量内训师，开始使劲推动这门课程的认证，让内训师像蒲公英一样飞向各个讲台、复制这门课程的精华，让学员在培训部门自己设计好的现场学员满意度调查表中打钩打分（这是最有意思的）。通过打分结果来看，课程效果达到了预期。似乎到了这里，精品课程就成功了。说实话，这个套路很容易让人想起“掩耳盗铃”的故事。

稍作延伸，可以发现以下问题。

1. 传统培训部门的职能和角色定位太过狭窄

传统培训工作找不到真正直接对接组织战略的抓手和方法，只能寻找迂回策略，结果绕来绕去远离了业务。有些公司让培训职能远离人力资源发展的做法，更是“自废武功”，彻底将自己变成了一个耗费资源的“孤岛”，从此之后，培训人员不仅变成事务型的工作者，甚至害怕和不敢支持业务了。培训部门应该坚持以核心业务发展为导向，坚持专业服务的定位，为公司战略和业务提供支持。培训人员也应当成为多面手，储备和发展培训、引导、教练、咨询、人才培养和组织发展的综合技能，使大家对培训的印象变为“上得了厅堂，下得了厨房”。

2. 传统培训部门核心职能的位次应该重新调整

第一，借助培训发展技能（培养人才），绝大部分干的都是重要但并非紧急的事情。要干，但是不能当作主力业务来做，除非战略发展需要提前储备人才队伍，或者业务部门提出协助要求。越来越多的案例显示，过度地开展中高层管理人员的领导力培养项目不仅事倍功半，而且容易“越俎代庖”，让管理者过度依赖培训部门。

第二，帮助业务人员萃取经验是培训部门当前一个可以凸显价值的工作，但这只是培训部门的基本功能。组织经验萃取有助于组织经验的沉淀，但是价值短期内很难衡量。专家经验的萃取看起来能帮助新人满足岗位需要，但只能帮助新人成长一小步，因为真正的渔夫是在捕鱼过程中成长起来的。

第三，传播新的管理方式可以作为培训部门的重要职能。传播的目的在于减少业务人员自我探索、走弯路的时间。传播的方式应当遵循体验—试点—总结—推广的规律，不应离开真实的业务发展需要，不能离开公司近期的战略，否则会将学习场景与业务场景隔离开来。

第四，支持业务部门开好研讨会。举办会议，尤其是研讨会是管理者的核心工作任务，但大多数管理者开不好研讨会，除技能缺失外，主持人、内容贡献方和决策者三者的角色重叠让其无法平衡角色职能。此时，HR 和培训部门应该提供帮助，不是告诉对方怎么开会，而是实实在在地在现场做好会议引导。这是当前培训部门可以真正有效支持业务部门的方式，应当作为培训部门的核心职能。作为第三方，帮助业务部门开了多少研讨会、研讨会产出质量如何、发起人满意度如何，这应当是培训部门绩效衡量的关键指标。

3. 培训部门支持业务的套路需要更新

培训部门过往支持业务的那些套路少、周期长、耗费资源，而且效率低下。培训部门应该学会与业务部门一起将问题进行切块处理的方法，将问题解决目标变得 SMART[①]，让自己参与进来。让问题因为作为第三方的自己的参与而变得更加容易解决。同时，问题又要始终是业务部门的问题，不能过度背负责任。由此，培训人员更多地只能扮演过程专家的角色，即在研讨会前、中、后 3 个环节扮演过程咨询顾问和过程引导师的角色。要想扮演好引导师或催化师的角色，培训人员，无论是部门负责人，还是培训专员都应该学习和掌握引导技术，了解工作坊这种特殊的工作原理。如果做培训的人员天天都在业务人员的身边、天天都在帮助业务部门开好研讨会（后续也涉及培养和管理方式传播），那么没有人再质疑培训部门的价值和贡献了。

1.4 交付时出问题了

1. 传统培训课程的目标跑偏了

培训组织者和培训人员的关系很微妙，一方面，培训人员提供课程资源，培训组织者从现有可掌握的课程海洋中挑选最匹配的课程，这个过程逐渐意味着，培训组织者必须要尽可能多地了解市面上的课程资源，无论是通过亲自体验、口碑推荐还是用户反馈；另一方面，培训人员也会依据培训组织者的需求来开发课程，随着需求的变化来重新研发新的主题课程，或者组合、升级自己过往的课程。由于培训组织者或培训机构多是课程的直接采购

① SMART：S 代表具体（Specific），M 代表可度量（Measurable），A 代表可实现（Attainable），R 代表相关性（Relevant），T 代表有时限（Time-bound）。

方，这驱使培训人员开始关注如何才能让培训组织者了解自己或欣赏自己的课程。时间久了，在培训机构（及老师经纪人）的助力下，很多培训人员只会关心培训组织者的需求，而客观上逐渐淡漠了业务上的需求，毕竟开发新的课程没有讲授标准化课程来得舒服一些。这让很多培训人员像复读机一样一年又一年地讲授那些道理很对，但离具体业务越来越远的课程。我曾经听说，有些领导力老师还在讲授 10 年前的课程，唯一的差别就是更换了案例。怀着复杂心情，我就想问一句："10 年前企业客户的需求和 10 年后学员的特点真的一样吗？"

专业、负责任并对新事物保持好奇的培训组织者和管理者是培训行业特别稀有的资源。每年都有不少的培训组织者因为各种原因转换职业轨道和赛场。有人说，大量培训经理在一家公司的新鲜度也就 3 年。培训组织者看起来不是企业的核心职能和岗位，但对于企业来说这块的沉没成本其实很大，因为他们带走的隐性知识和经验很难被沉淀、复制和替代，也就意味着新的培训组织者不得不重复上一位培训经理的成长过程，不断试课、不断试错、不断让企业承担各类学习的成本，而一旦自己真正成熟起来（甄别课程、匹配需求），面对职业发展的瓶颈和外界的刺激，又会尝试走出"围城"。在培训经理成长的过程中，安全交付是首先考虑的，而延续过往的做法往往又是最安全的。有人说，培训组织者培养是培训行业真正的瓶颈，不无道理。一些实战的新技术和课程进入企业采购序列的速度非常缓慢，部分原因正是如此。

传统培训课程最致命的地方在于是基于同一层级人群的胜任素质模型来设计出来的，而不是基于业务的真实而紧急的任务需要设计出来的。基于胜任素质模型的好处在于方便培训组织和实施，方便培训组织者匹配课程。市面上大量传统的培训人员的课程是基于某一人群的技能和素质所需而设计的，设计一门课程就可以应付大量重复性的需求，何乐而不为？以领导力相关课程来看，管理者角色与认知、目标管理、时间管理、情商、沟通、执行力等课程，多是管理者都需要的技能课程，这些课程内容被大量反复采购并不是其真正有多少实际的价值和作用，更多是因为直接跟管理者的胜任素质模型匹配了。年轻的培训组织者一看胜任素质模型，就马上想找一个讲授这个课程的老师，而不再去关注管理者为何需要这些技能、这些技能具体的应用场景是什么、管理者需要真正面对的核心工作任务是什么。惯性的力量很强大，前些年，主打学习任务的“学习路径图”试着挑战胜任素质模型在培训人员心目中的位置，并不算很成功。所以，当有些年轻人说要颠覆培训行业的时候，常常被培训行业所颠覆，这反而成为一些培训人员津津乐道的事情。从我的角度来看，“学习路径图”之所以没有被大面积推广，除了动了一些人的“奶酪”，遭到既得利益者的阻挠外，也有自身的原因，即给培训组织者制造了很多的工作任务和麻烦，甚至会耗费相当多的资源，而且基于工作任务去设计培训项目和课程，并不是多数培训组织者所能胜任的。

培训人员的苦衷和无奈，有时候是因为自己也知道很多基于胜任素质模型的培训课程是听起来很有道理、用起来就“熄火”的，但是自己似乎又没有胆量、勇气和办法将此课程停下来，就如同大家心里都很清楚“培训满意度表”只是自己筛选课程的标准，把它当作培训学习的价值判断标准却很无厘头，但是每次又都渴望学员的打分不要太低一样。基于胜任素质的通用课程远不能满足用户的需求，而且给用户提供的价值很低，这就使在线课程有了“可乘之机”。你会发现一些好的在线课程基本完全可以替换一些基于胜任素质的通用课程。认识到这一点，很多企业培训组织者开始更加重视经验萃取、课程设计和在线微课……但这样做并不能彻底解决培训人员的忧虑，因为面对真实的工作任务和工作问题，真正支持业务发展始终是培训人员的初心和使命。如果离支持业务这个点越来越远，培训人员每天的工作就会变得没有价值，这让有责任心和有良心的培训人员活得没有意义。

2. 传统沙盘类课程过于封闭

沙盘是对现实的高度抽象和概括，是将现实搬进课堂的剧场。轻松的氛围、极高的参与度、扣人心弦的剧情、和真人秀一样的现场效果往往让学员对沙盘类课程期待颇多。沙盘进入课堂有 3 个典型的价值和优势。

一是促进学员参与。很多时候使学员参与就是一个大的问题，而在沙盘类课程中一般不用担心这个问题。因为当学员听了很长时间的课时，好的沙盘可以利用人类好玩和好胜的心理使学员积极参与。此外，沙盘类课程中设置的一致对外、轮番作战、获得团队荣誉环节，也会使学员保持投入，直到分出胜负。

二是营造安全场域。沙盘转移了人们的注意焦点，使工作场景中的矛盾与压力一下子消失在与利益和立场毫无关联的游戏互动中，这一点与将戏剧和隐喻用于培训的原理和价值类似。虚拟场景的带入过程、“稀奇古怪”的规则、“花里胡哨”的道具都会让学员放松警惕、怀着好奇参与进来。

三是暴露真实问题。沙盘场景是一个新的焦点位置，在完成任务和取得胜利的过程中，人们一旦投入进去，平时的思维习惯和行为习惯不可避免地显露出来，从而成为很好的观察点（某些沙盘经常被用于大规模的人才前期筛选）；同时，在沙盘中的竞争之后，学员会对自身问题进行反思，并向别人学习。

然而，当传统沙盘被用在培训时，出现了 3 个典型的问题。

第一，传统沙盘偏离了真实的工作任务和工作场景。很多沙盘是基于胜任素质开发出来的。能力的反思和觉察，只是能力改进的一个方面，并不一定会通过沙盘分析就暴露和监测出来。经过沙盘分析后，工作中的问题和矛盾往往依然存在，甚至没有任务变化。这是沙盘类课程的最大缺憾，尽管沙盘设计者本身就没有想直面真实的问题，但对于培训采购者来说，要推进实际问题的解决进展。

第二，传统沙盘相对单一的封闭性设计与真实场景的开放与多元化相背离。尽管一个沙盘可以从不同纬度和主题来解释和理解，但过于封闭的沙盘运作规则，很容易让沙盘变成一个臆想的世界，在这个世界里面人们都试图自圆其说。规则设计得简单又允许有更多可能性的沙盘太少了，现实中的沙盘为了避免一个漏洞往往叠加很多规则，你会发现这与现实中的规则大相径庭。此外，当人们体验完沙盘类课程后，大多数人不是想着反思觉察和改进，而是感到失望与失落。

第三，传统沙盘类课程占用了大量的学习时间。在整体研讨和学习的时间中，了解一个沙盘至少需要一小时，规则理解、道具理解、开玩、复盘……最后能得出一些东西还好，就怕学员只想着改变这个沙盘的规则。即使学员都认同最后的结果，但关于游戏规则的诟病和心有不甘往往都会持续到项目结束。如果在此情绪没有宣泄完时，老师就分享点评，则极少有人愿意静下心来倾听。组织者和学员对于沙盘的定位和看法是完全不同的，培训组织者往往把学员当成没有头脑的“萝卜”“白菜”，指望老师去控制；而学员大都是精明和善于算计的，既然告诉他们是一场游戏，那他们就会“将计就计”。

不仅是商业沙盘类课程，大量的拓展训练也存在以上类似的问题。或许，沙盘课程和拓展类课程作为培训课程体系里面独特的一类会长期存在（设计者也在升级设计和体验），尤其在新员工理解商业逻辑、团队建设和筛选人才方面，毕竟客户有这类预算，况且，人们更喜欢选择维持现状而不是做出变革。

对于大部分的成年人来说，一旦过了自主学习和快速成长的阶段，学习和解决问题就变成了一件痛苦和难受的事情。当人们在享受轻松和热闹时，有没有人有勇气站出来，问大家一些问题："我们到底在干什么？""凭什么让老板为我们在这里的学习和欢乐买单？""我们这段时间的机会成本和收获相比真的是值得吗？""我们为什么不直接复盘前些日子我们在市场上的表现？""我们为何不去预演接下来如何应对新的挑战？"等。

3. 传统学习项目的价值模糊

10 年前，我在咨询公司给某些国企客户做学习项目设计时，典型的套路有如下几点。

第一，按照层级或职能划分关键人群，如分为基层管理者、中层管理者和高层管理者，分开培养，并将业务线、职能线分开培训。如果人数多就分批次轮训。

第二，区分岗位成熟度或技能成熟度。例如，给予 1 ~ 3 年的管理者一个新手的代名词，给予 3 ~ 5 年的管理者一个熟手的代名词。新手和熟手分开培养，匹配不同价位级别的老师。

第三，按照胜任素质模型来匹配课程。例如，当时流行情景领导力和国学领导力，只要老师的课程价格合适、老师的配合度也好，几乎差不多的培养项目就都会设计这些课程。

第四，一定要安排一次测评。课前利用测评来使参训学员意识到自己的差距（按照道理，课程内容应该依据测评来设计，但其实在提交项目设计方案时，已经根据经验判断和高层访谈等确定了课程内容）。

第五，根据整体预算和客户的强烈要求，偶尔安排一次标杆学习或沙盘课程，旨在使参训学员能够有新鲜感。

第六，课程开始前要有一个启动会，课程结束后一定要留一点作业，项目结业时一定有一个汇报，让学员意识到他们参与的是一个学习项目和高潜人才培养项目，而不是简单的堆砌课程。

不知道你看到这里，会不会会心地一笑呢？或者是内心悲凉地苦笑呢？

今年，我有幸接触了某比较知名企业大学的某关键人群培养项目，没有想到他们还是在延续之前的套路。我被邀请去做项目总结的引导，以应对最后的项目结业汇报。当我看战线超长、一堆堆根据胜任素质模型匹配出来的课程时，我有点无语了，不知道如何来展示项目的亮点……

我也理解，对于某些重金投资的企业大学来说，每年不搞些培训项目，大家听不到动静，可能更无法感知到大学的价值，可是类似的人群培养项目，我真不知道是如何衡量成功及投入产出比的……这些年，我的一个整体感觉就是企业内的学习项目尤其是后备和高潜人才培养项目真的是太多了，而且周期也太长了！培训课程安排得也太多了！这可乐坏了一些培训机构和职业培训师。不仅如此，这还滋生了年底各式各样的培训项目和学习设计评奖。

更耐人寻味的是，学习项目和关键人群培养项目设计的迭代更多的不是基于业务部门的痛点诉求和培训人员的使命，而是基于市面上流行的培训资源。例如，教练技术流行后，便以课程或教练辅导的交付形式加入项目中，以凸显项目亮点；结构化思维的课程流行后，不管是干什么的都要轮训一遍，似乎之前的结构化思维影响了公司赚钱，不培训就要命；行动学习和引导技术火了后，某些人也是想把它变成一门课程，放入整体的培养项目里面，似乎所有资源来到这里，不管其底层逻辑，都必须能够被简单粗暴、按部就班地排到课程表中。殊不知，有些新的资源本应该发挥出原本真正的价值，可在有些培训经理的惯性操作中，都变成了上课的模具。5年前，离开上一家咨询公司时，我就深深感觉到公司给客户安排的培训课程太多了（客户也有预算，没办法），而课后让学员真正应用转化的辅导的部分太少了。为什么？因为按照行业规则，客户更多是依据培训课程的多寡和老师的级别来安排项目预算的（成本 + 利润），而不是以真正转化落地的价值和给客户带来的收益来计费的。课程安排多了项目收费才高，辅导不仅耗神费力没法计算工作量，而且也鲜有老师愿意配合和能够配合。

临近项目结尾，项目的产出有哪些、项目的价值如何衡量、参训者的整体满意度和口碑评价会怎样，这些痛点问题有些培训经理总能巧妙地绕过，哪怕被问到也能够应付过去，因为参训者、业务部门会给培训者留有情面（考虑更多的不是客我关系，而是同事关系）。只有老板一个人觉得有问题，就跟吃了哑巴亏一样，不知道该说些啥。有时候想想，“培训就跟玫瑰一样，一旦用来表达爱情，就是无价的了”。

当培训管理者进入行业的惯性里面时，不仅觉察不到这些问题，甚至还助推这些问题的发展以获得个人发展机会。当有一天老板说：“我们的后备人才队伍需要构建时，培训管理者不是思考如何跟业务部门一起识别和培养后备人才队伍，而是立即想到安排一次性格测试或某某名师名课……偏离了公司战略发展所需人才的培训方向，偏离了业务部门为主体的学习发展项目，偏离了快速高效帮助业务解决实际问题的项目设计初衷，越俎代庖、追求花哨、以获奖为目的、“大手大脚”的一些项目设计和做法必然被清醒的企业和觉醒的同人所抛弃，学习项目设计的热闹和繁华也终将成为记忆。

4. 行动学习项目复杂且陷阱多

近些年行动学习颇为流行，在培训机构和知名甲方公司的宣传带动下，很多公司的培训部门、企业大学自己都看不下去过往多年的做法了，不管准备程度如何，都要开始实施行动学习项目。人们喜欢和选择行动学习的原因很淳朴简单，行动学习研讨的是本单位的真实课题，而且研讨过后总会有一个成果出来，这不仅一下区分开来传统的培训项目和关键人群培养项目，更为关键的是也化解了项目价值评估的尴尬，不像之前的项目提交一堆的课程学习照片和与评审员关联不大的课件 PPT。行动学习项目结束的那一刻，参与人员捧出的是一批绞尽脑汁、有一定水平的项目产出。然而近两年，行动学习虽然在国企里面还流行，但行动学习项目的数量已经有所下降，可以说，已经从刚开始的头脑发热的疯狂阶段进入理性实施的阶段了。变化背后有一个重要的原因是，行动学习项目的成功并不简单，现实中有诸多因素会导致项目折戟，这让培训部门和企业大学负责人心有担忧而收敛（其他先不说，交付安全仍然是第一选择）。

首先，对行动学习的本质和规律没有完全掌握，对行动学习项目给予了太高的期望。在设计实施行动学习的过程中有 3 个典型的“坑”，一是在更看重项目产出成果的时候，结果却将项目真正的专家抛在项目之外，召集了一批“外行”在一起研讨，本着“3 个臭皮匠能抵诸葛亮”的精神群策群力，过程研讨得再激烈，最后的成果质量都是很尴尬的；二是在更看重学员成长的时候，将项目的产出作为唯一的汇报成果，就使有些人变成写论文的高手；三是给予大家真正实践和行动的机会太少，用研讨替代了真实的行动和实践，缺少了想法验证和产出测试，行动学习的功力和价值至少被削弱了一半。

其次，缺乏高层的推动支持、配合和资源的持续投入。缺乏了高层尤其是老板的支持，行动学习项目很难进入公司的战略规划和经营重点中，很容易变成与主营业务关联度不大的研究型项目，这一招就让行动学习项目“出师未捷身先死”。例如，在中层后备干部人才培养中，让一帮信息量不充分的小伙伴去研究公司战略性的课题，给予他们的挑战过大，往往研究成果很难被高层领导采纳（这违背了共创的原理）。资源投入，不仅是指聘请外部教练和催化师的费用，更多的是指让行动学习课题从想法到原型再到实践的资源支持和平台支持，缺乏了真刀真枪的测试，行动学习的项目成果也就只能作为一项民间自娱自乐的发明专利。

最后，项目周期过长，人员来自五湖四海，而且人员流动频繁。行动学习需要面对重要紧急的问题，但是行动学习项目短则 3 个月长则一两年的做法实在无法满足企业快速解决问题和转型变革的需要。除了公司面临的市场环境和公司战略需要不断调整的挑战，项目人员的更迭也是个大问题，公司现实业务发展的需要、人才选拔和晋升不可能为一个项目让路。很多行动学习项目设计初期，考虑的因素过多，兼顾了很多人的诉求，反而抓不住重点。例如，组建的项目小组过于多元化，四面八方、五湖四海的人都有，在实际的项目推进过程中，小组成员间的沟通交流和共同实践都是很实际的挑战。缺乏了共同经历，学习和反思往往都停留在表面。

综上所述，以上单一的交付形式尽管都流行和辉煌过，都曾经帮助一些公司在培训价值探索路上取得成绩，但在追求高效、快速和务实的今天都遇到了困难和挑战，完全抛弃估计对很多公司来说难以接受或不现实。我的建议是依据公司发展阶段、发展规模和突出问题，抓住业务的痛点，赋能业务部门成为问题解决的主体，推广“工作坊”这种实战且容易见效的交付形式和载体，替换传统基于胜任素质模型的各类技能培训；少跟风，少设计劳民伤财且周期长的大项目，每组织一次活动都问一下自己这是不是公司老板和业务当下最期望和需要的，在一次次的工作坊中，把培训部门的专业和不可替代的价值形象塑造起来。

第2章

从课程到工作坊

2.1 唐僧团队的新任务

唐僧团队西天取经归来之后，唐太宗率百官出城迎接，授予了至高无上的勋章，不仅如此，还为唐僧团队修建了独立的寺院，用于传授佛法及西天取经的经验。

趁热打铁，唐太宗组织了一场 5 天的经验交流会，各寺庙的主持都有机会赶来聆听唐僧团队的分享。唐太宗也很好奇，打算旁听。唐僧团队听了唐太宗的安排之后，还开了一个小会议，明确了大家分享的主题内容和顺序。

第 1 天，孙悟空分享。孙悟空分享了自己如何战胜各路妖怪的故事和心得体会。

大家听了之后，被孙悟空的英雄本领和不断超越自我的品质所折服。

第 2 天，猪八戒分享。猪八戒分享了在整个旅程中如何战胜自己，克服各种诱惑，以及不忘初心的心路历程。

大家听了之后，被猪八戒朴实的分享逗得哈哈大笑。

第 3 天，唐僧分享。唐僧分享了受到佛法感召，以及在整个路途过程中，如何帮助自己面对困难的过程。大家对唐僧肃然起敬，并深深地感觉到自己与唐僧在修行上的差距……

第 4 天，沙僧分享。沙僧分享了如何做好服务和支持工作，以确保团队的成功。

大家觉得沙僧做的事是最重要的，深深地感觉到自己身边也需要一个沙僧。

第 4 天晚上，唐太宗召集唐僧团队并安排了一个新的任务：因考虑佛法有助于安抚周边的群众、维护和谐稳定的社会秩序，而明天晚上大家就要回去了，所以唐僧团队能否再分享些经验，以帮助各寺庙的住持解决目前遇到的问题和困难，最好是让大家明确给出下个月的寺庙管理计划。唐僧团队听了唐太宗的新任务后，有点难为情，因为毕竟这不是他们所擅长的……

如果你有培训、引导或开会的经验，是否可以帮助唐僧团队设计第 5 天的大致流程呢？

2.2 如何帮助唐僧团队完成新任务

对于唐僧团队的新任务，是否似曾相识？是否让你想起了某些学习项目设计呢？第 5 天的流程设计，看似简单实则不易，因为有 3 个挑战性任务摆在唐僧团队面前。

任务 1：如何处理好前 4 天和第 5 天的关系？如果前 4 天的内容对于解决第 5 天的问题没有价值和帮助，那么参与分享会的人会不会有一种莫名奇妙的感觉，甚至认为唐僧团队前 4 天的分享是在浪费时间？

任务 2：如何处理好唐僧团队的优势经验与各寺庙的住持的内部管理和教化民众的需要的关系？唐僧团队或许有一些类似的经验，但是各寺庙的住持面临的都是很现实和具体的问题，让唐僧团队“出尽了风头”的那些“神仙鬼怪的故事”能够“接地气”吗？如果唐僧团队帮不上忙，那么现场会不会很尴尬？

任务 3：如何在有限时间内应对各寺庙的住持复杂、不一致的问题？如何筛选和收敛现场需要解决的问题，并让大家都能带着个性化的问题解决方案和行动计划回去呢？

通过以上的分析可以发现，唐僧团队的角色及分享方式需要有一个非常大的转变。唐僧团队需要由之前高高在上的分享者变为帮助大家解决现实问题的支持者，由以“老师”为中心变为以“学员”为中心，由以“分享内容”为主的场域变为以“解决问题”为主的场域，由分享者与学员群体的单向互动变为学员群体之间的多向互动。

1. 引导与引导师

什么是引导？ Facilitate 字面上的意义是“让事情变得容易”，中文一般翻译为引导、促动、催化、建导、协作等。Facilitation 是一种鼓励参与、激发责任与创造性的实战工作方法，是帮助团队群策群力达到目标和达成共识的工作艺术。引导师看重的是团体想实现和需要实现的目标，引导师努力提供过程、工具和方法的支持，使团队能够开展深度对话，以激活团队动力、智慧和潜能，加速团队成长。

引导师以发起人的需求为基点，兼顾学员的需要，设计团队成员之间对话的流程和形式，自己对讨论内容不显露立场和主张观点，是完全的内容中立方。引导师的焦点工作是支持团队实现目标，使学员直面问题、深入对话和解决问题。引导师懂得如何使团队成员参与、激发群体创造力、管理现场冲突和建立持久共识。优秀的引导师能够像神奇的魔法师一样让团队面貌焕然一新，使成员沉浸在团队工作中。

2. 从引导式培训 1.0 到引导式培训 3.0

在谈到什么是“引导式培训”时，有不同的观点和想法。例如，站在老师的位置就有明显的两方观点。一方认为如果自己在课程中使用了焦点讨论法，那么自己是引导式培训师；另一方则认为，自己多年来一直是引导式培训

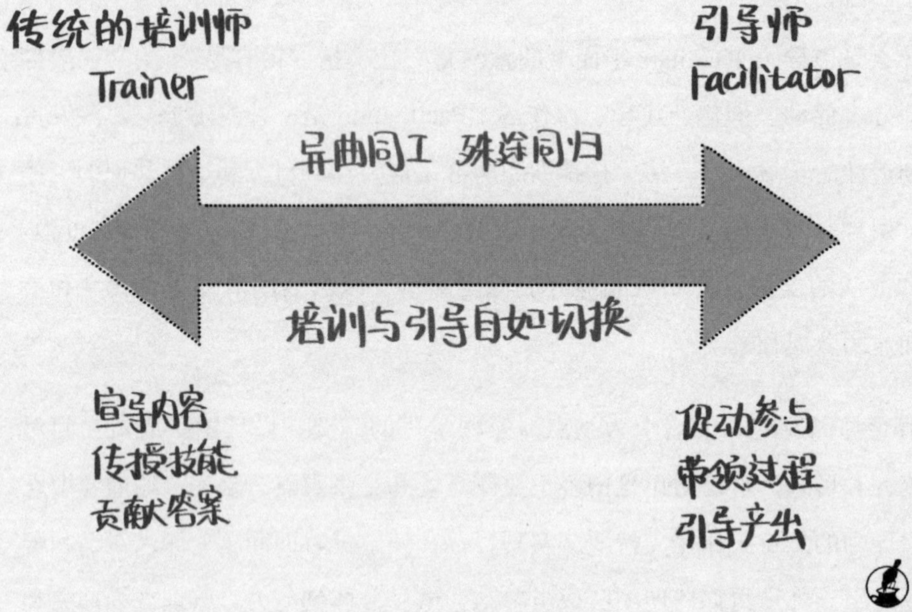
传统的培训师
Trainer
引导师
Facilitator
异曲同工 殊途同归
培训与引导自如切换
宣导内容
传授技能
贡献答案
促动参与
带领过程
引导产出

师，但一直采用案例教学和提问互动的方式来授课。有意思的是，双方都认为对方并不是真正的引导式培训。学过引导的一方，认为对方是在压制学员，根本不懂真正的引导；而培训老手则认为，那些学过引导的人的课堂是混乱无序的，教学设计、课程设计和控场方式都存在问题。

综合来说，可以发现两点。第一，单纯地把引导技术嫁接在培训上，作为其中的某一个环节单独存在，并没有把引导真正的力量发挥出来，或者说在将引导和培训相融合时，存在纠结和挑战。第二，依据引导和培训的融合程度差异可以将引导式培训分成不同的阶段，或者说引导式培训应该是有不同级别的。例如，可以有 1.0、2.0 和 3.0 这 3 个级别。

引导式培训 1.0 大多采用互动式的教学方式和激发参与式的教学活动，如提问案例分组、循循善诱的培训方式。引导式培训 2.0 是在引导式培训 1.0 基础上更进了一步，不只是在教学方式和教学活动中融入了老师与学员互动的理念，还强化了学员之间的对话频率、对话方式和对话层次，甚至在教学全流程上也做了很大的变革，以使学员学习和掌握技能变得更加容易。

有时，发起人提出的问题或者学员普遍关心的任务也会被老师刻意重视，甚至会在现场给予一定的时间探索解决方案。但可惜的是，真实问题的研讨和解决方案探讨在整个课堂中只是独立的片段和插曲，跟其他课程内容之间的关联度也并不大，这样做的目的是为解决发起人前期的诉求和提高学员的满意度评分。

引导式培训 3.0 代表了引导式培训的理想状态，此时的培训形式就是工作坊内容。发起人、学员、引导师三者完全地临场，引导师不仅能够关注发起人关注的焦点目标，而且能够兼顾学员的体验目标，同时又能够在内容输入和解决问题过程之间灵活地切换。

工作坊开始前，引导师可以作为内容专家准备工作坊；工作坊中，引导师可以带领学员解决问题、输入必要的内容，或者只负责提供解决问题的过程支持，安心地让学员产出成果。这样，引导师能够把工作坊的显著价值（解决问题、得到产出、促进学习、团队融合、激活组织）“展示”得淋漓尽致。

市面上未经过专业引导技术训练的传统的培训师，大多处在引导式培训 1.0 或接近引导式培训 2.0 这个阶段。引导式培训 1.0 有 4 个关键特征：第一，选择有意识的互动的教学方式；第二，采用案例教学和情景练习的方式；第三，在课程设计方面，逻辑清晰、循序渐进；第四，几乎由老师完全掌控课程节奏。同时，引导式培训 1.0 的典型缺憾有 4 个：第一，学员的个性需求与固有的课程内容无法平衡；第二，课程学习不能解决问题；第三，学员之间的连接不够充分；第四，学员依然有上传统课程的感觉。引导技术流行后，给引导式培训 1.0 至少有如下启示：

能否在课堂现场得到可用的产出，而不仅获得抽象概括的想法？

能否直面真实重要的问题，而不仅是做“隔靴搔痒”的案例研讨？

能否使学员之间的连接更多、更深，而不是虚情寒暄？

能否依据解决问题的需要来学习，而不是使学员成为理论大师？

要实现从引导式培训 1.0 到引导式培训 3.0 的跨越，必须要清楚两者的关键区别。引导式培训 3.0 **同时具备** 4 个关键特征：第一，现场推进真实悬而未决的问题解决；第二，依据焦点目标达到需要决定现场内容输入；第三，鼓励、推动和支持学员群体自己解决问题；第四，老师传递内容的时间少于学员实战对话交流的需要时间。少了上述任何一个特征，都可能退至引导式培训 2.0 这个过渡阶段和状态。

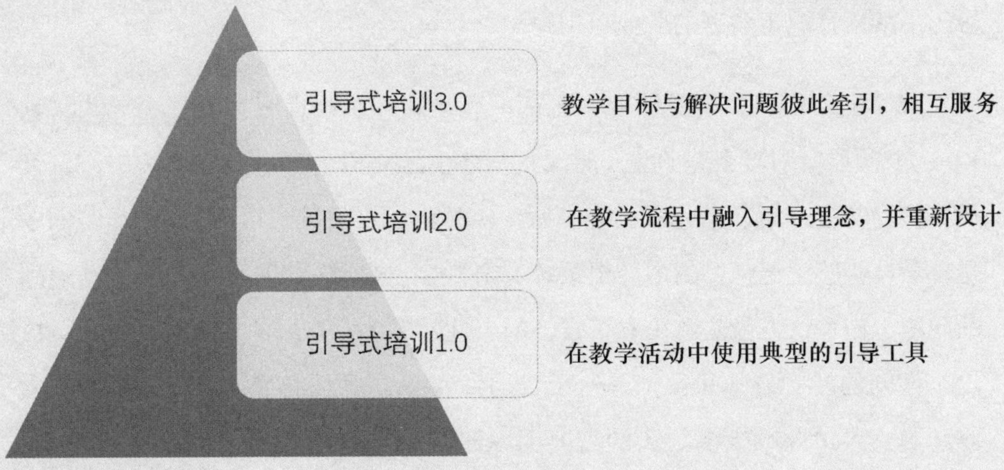
引导式培训3.0
教学目标与解决问题彼此牵引，相互服务
引导式培训2.0
在教学流程中融入引导理念，并重新设计
引导式培训1.0
在教学活动中使用典型的引导工具

换一个角度来看，假如引导式培训是一座让人期待的风景秀丽的大山，我们都是一群心怀征服和敬畏的游客。于是，人们可以看到山脚、山腰、山顶3个位置。山脚代表引导式培训1.0的状态，传统的分享式的授课开始转变为互动式的教学，不只是老师的讲解内容，学员的贡献也成为课堂的重要组成部分，并且老师会运用提问和引导技巧激发学员参与。人们能够看到有些老师会使用案例教学法、焦点讨论法、世界咖啡、入场调查等一些工具和方法。待在山脚这个位置是比较舒服的，老师只要掌握了课程的内容，懂得如何运用案例、带领学员开展练习和基本的引导工具，课程就容易复制。此时，引导技术的出现只是为了满足培训的需要，甚至只是方便老师证明自己是一位不断学习、不落伍且敢于尝鲜的职业培训师。

市面上的很多技能类课程，包括一些经典的版权课程都处在引导式培训1.0这个阶段。引导式培训1.0的课堂整体上还是以老师讲的内容为中心，学员更多的是去理解、消化吸收老师所传授的内容。引导式培训1.0的显著问题是，学员会感觉老师讲的内容很系统、很科学、逻辑很严密，与自己当前遇到的问题也相关，但就是解决不了自己的个性问题（有意思的现象是，当学员提出个性问题时，老师往往都是给予普遍性答案，之后继续推进原先的课程内容，美其名曰照顾大多数人的需要）。对于一个对学员负责任的好老师来说，他也非常纠结、痛苦，也想在现场帮助学员解决他们的问题，但到底选择继续讲解当前课程的主题内容，还是停下来解决学员的问题呢？很难做出选择，因为这些问题与老师提前准备的内容并不相关。

接下来，可以爬到山腰去看看（引导式培训2.0）。爬到山腰之后，有些发起人会提前要求现场解决一些问题，最好让大家带着一些成果产出离开。然而，尽管如此期望，发起人还是认为既然这是一场培训，老师讲课仍然是占主体的，能兼顾问题解决最好。对于要解决的问题，有些是发起人直接给出的问题，有些是学员普遍反映的问题，有些是课后必须完成的工作任务的问题。为了解决这些问题，引导师会设计一套解决问题的流程，可以让学员借助小组力量自行解决，或者由引导师明确解决问题所需要的资源和知识，让学员运用这些去解决问题。这样就好比培训课程依然是主风景，全体学员必须要花时间参观。如果还有时间，大家再结伴去看个人感兴趣的风景，或者直接去看老师根据经验指定的风景。假若集合时间到了，老师是不会等迟到的人的，还会带着大队伍继续向一个既定风景区出发。

循着发起人一声洪亮的呼唤，大家再一起到山顶（引导式培训 3.0）去看一看。大家会发现山顶的风景又不太一样。发起人满脸喜悦地迎接大家，学员虽然有些累但也是成就感满满。在山顶这个位置可以发现，发起人关注的问题解决、学员期望的学习收获，还有引导师根据需要所准备的讲授内容，三者相互促进、相互配合、融为一体。学员的感受是老师能够帮助大家解决问题，对内容又很熟悉，真的达到了人课合一的状态。要想到达山顶，对引导师的要求非常高、挑战非常大。引导师必须非常清楚地了解发起人的需求和期望，过程中还要做好跟踪和沟通；必须非常清楚地了解全体学员的期望和差异化需要；必须是某内容领域的专家，在关键的时刻，甚至可以“横刀立马”，或者组织资源让大家一起更好地解决问题，以得到一个超越了所有人期望的成果产出。在整个过程中，引导师必须既像一个导演和编剧，又像一个后勤支持者，会让演员安心、高效、超水平地拍出好戏。此外，在现场遇到一些冲突和困境挑战时，他又能够很好地去化解，既能照顾大局，又贴心和温暖。

3. 引导式培训 3.0 的 10 个理念

引导式培训 3.0 采用培训与引导相结合的“工作坊”进行成果交付，在课堂上同步推进问题解决和技能传授两条主线，而非引导式培训 1.0 时代的技能培训一条线。最终，引导式培训 3.0 满足发起人对工作坊的现场成果要求和参与学员的需求。要从引导式培训 1.0 攀登至引导式培训 2.0，直至引导式培训 3.0，引导师需要的不仅是引导工具和引导式教学流程，更重要的是要认可并积极践行引导式培训 3.0 的 10 个理念。

理念 1：学员主动参加“培训活动”是希望解决自己面临的问题或让自己变得更好，而发起人（老板或业务部门负责人）请人来做培训是为了解决组织绩效表现不尽如人意的问题或期待未来更美好。

理念 2：培训老师首先考虑的是让发起人满意、得到发起人最关注的成果，再想方设法让学员也满意。优秀的老师懂得聚焦组织需求和学员需求的交集点，并兼顾平衡。

理念 3：如果学员整体缺乏解决问题的知识、工具和方法，老师就需要提前准备或组织相关学习内容，并设计让学员理解和应用的学习流程。

理念 4：学习内容设计和现场学习流程设计是两码事，两者都需要设计。

理念 5：老师的课程大纲应该包含学习要点和现场安排，缺一不可，不可隐瞒。除了前期的需求理解和方案设计，老师的功力更体现在现场，要能够应对复杂问题，有效支持学员，解决发起人和学员的问题。

理念 6：要有成熟且标准的课件，既能回应主题下的关键问题，又包含该主题下的几乎所有关键知识点，而且成体系（按照不同问题或按照学员群体）。如果老师是内容专家，课件就是静止的“内容专家”。

理念 7：老师手册和学员手册的区分重点不应该是内容多寡，而应是教学需要和学习进程的不同。

理念 8：学习要点应涵盖工具方法的应用场景、关键流程、操应用注意事项、理念假设、案例等。简单直接、清晰地呈现比较好。

理念 9：现场授课不可以完全按照学习内容顺序推进，因为还需要推进问题解决这条线。纯粹依据课程准备的学习内容来安排现场学习设计的流程有失偏颇。

理念 10：课件不是桎梏，而是资源。老师发现学员需要内容输入时，学员才开始学习课件内容。

2.3 从课程设计到工作坊设计

1. 课程设计与开发的发展

基于课程设计与开发的专业度和企业内部课程设计的大量需求，针对课程设计工作，在一些单位的企业大学设有单独的部门和岗位来完成，甚至组建了多达数十人的团队。然而，这样做的风险也是显而易见的，服务终端客户和业务的流程一旦被拉长，就意味着有些工作的价值在流程运转中消耗和流逝了。当前，课程设计与开发工作早已经不是独立的孤岛，唯有浸入真实的业务场景、接受业务部门的考核方能展现真正的价值和专业。整体上，可以看到有 4 个关键因素在影响课程设计与开发方法论的发展：一是企业发展和变革的速度在变快，这使传统课程设计与开发人员从座位上站起来了；二是业务部门基于产出和绩效对培训和课程进行反馈，这使传统课程设计与开发人员“面颊发热”；三是实战学习技术不断涌出并被人拥抱欢迎，这使传统课程设计与开发人员不能再“两耳不闻窗外事”；四是学习项目设计者和培训交付者的积极实践反推设计，这使传统课程设计与开发人员对自我价值产生了怀疑。这 4 个关键因素综合发酵，会使传统课程设计与开发人员必须面对现实，放弃循规蹈矩的设计专业本位，聆听客户的心声，融入业务的大潮中。

梳理一下市面上课程设计与开发的 4 种模式，从中可以看到课程设计与

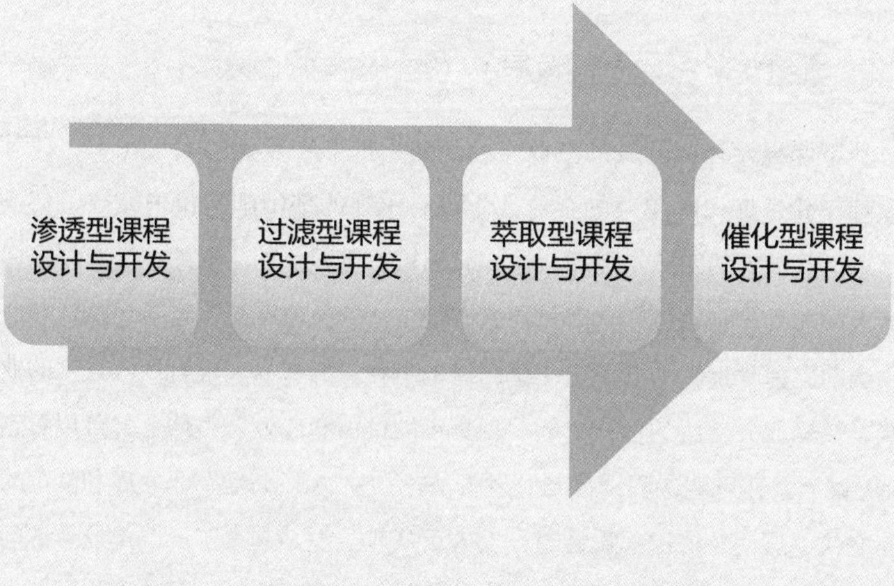
渗透型课程
设计与开发
过滤型课程
设计与开发
萃取型课程
设计与开发
催化型课程
设计与开发

开发的演进脉络与发展态势。

（1）渗透型课程设计与开发

1）关键流程：发起人给定课程主题；负责人组建课程设计小组；闭门造车地开发课件 PPT；提交给发起人审核完善。

2）逻辑说明：发起人认为课程设计有问题就是有问题，而负责人则揣摩上级意图，在课件中严格贯彻上级的意志。

3）典型交付物：课程目录、课件 PPT。

4）典型优势：贯彻上级意志、辅助管理工作。

5）典型问题：学员被强制灌输。

6）适用场景：有前瞻性、战略性的重大课题如企业文化和行业趋势分析的课程。

（2）过滤型课程设计与开发

1）关键流程：面对问题与期望；选择性认为人有问题；选择性认为需要培训；组织或开发系统课程；交付完善。

2）逻辑说明：发起人提出期望或指出问题；培训组织者判断是人的问题还是流程和制度的问题等；确定是人的问题，所以必须进行培训；为了解决人的问题，组织和开发系统、全面的课程。

3）典型交付物：课程大纲、课件 PPT、老师手册、学员手册、案例说明、试卷及答案、宣传材料。

4）典型优势：从培训角度提供系统、完整的方案，有助于提升人员素质，有助于解决长期问题。

5）典型问题：流程过长、杠杆撬动价值递减；资源投入见效不明显；学员感觉被培训。

6）适用场景：人员整体素养发展类课程。

（3）萃取型课程设计与开发

1）关键流程：接到需求；收集、整理情景问题；组织专家集合经验；开发案例课件；交付迭代。

2）逻辑说明：面对要求快速响应的需求，收集相关情景和场景；快速集合组织内外的专家，萃取经验，开发出案例课程；交付中不断迭代案例的参考答案。

3）典型交付物：问题案例及参考答案；在线课程；为了应用，还需要宣传海报、试题等。

4）典型优势：顺应了场景化学习的趋势，更快、更简单、更轻，更贴近业务，而且让学员参与了课程开发。

5）典型问题：案例开发了一堆，后续使用价值不高；每年都要持续迭代，开发新案例。

6）适用场景：有高频、可复制的紧急需求，如快速拓店时的店长课程。

注：最近流行的案例萃取正是基于业务部门快速需要复制经验的需要的，只是在案例应用和如何让案例真正发挥价值方面还需要继续探索。培训的终点

必须回归到业务中，不能只将精品在线课程放在平台上就结束了，更不能花大力气去思考如何吸引业务人员观看，这都是事倍功半的做法。缺少培训交付人员的引导配合，案例萃取和精品课程开发的成果很容易被束之高阁，成为培训支持业务工作坊的表面文章。

（4）催化型课程设计与开发

催化型课程设计与开发，也称为引导式课程设计与开发。

1）关键流程：提出问题与期望；理解需求并设计方案；组织现场研讨；后期跟踪。

2）逻辑说明：收到发起人的问题描述或更优期望后，快速理解需求，设计工作坊方案；现场带领开展问题研讨；在研讨中促动认知改变；工作坊后跟踪行动计划。

3）典型交付物：工作坊流程设计方案；学员需要输入的内容资料如课件或案例。

4）典型优势：前期收集场景的时间继续缩短，课程现场挑选场景，短平快、效率高；资源投入见效明显；参与度高，工作坊结束后得到可用产出。

5）典型问题：每一次工作坊都需要个性设计，可复制性差。

6）适用场景：有重要紧急的问题解决需求和能力发展需求（问题解决作为载体）的课程。

综上所述，可以发现，**催化型课程设计与开发模式**因为拥有 3 个显著的特点，所以代表着课程设计与开发的趋势。

1）**按照业务部门迫切的需求开发课程：**不再是自己制订计划，按照胜任素质模型开发课程，之后把交付的压力转移给内训师；求多求全的重型课程开发模式和闭门造车的专家型开发模式将被迫退出舞台中央。

2）**追求短平快、现场解决问题、当堂提出解决方案：**如果课程设计人员还存在，就必须证明比项目设计人员更加灵活，课堂评估表将被改写，现场得不到马上可以使用的成果产出的课堂都将是失败的内训。

3）**课程设计与开发人员转变为解决方案提供者**（内部咨询顾问）：让学员变成解决问题方这是颠覆性的转变，只会整合课件做 PPT，不懂业务、不懂技术、不懂某一主题的“课程设计与开发专员”将“退伍”。

2. 工作坊的关键特征

引导式培训 3.0 和催化型课程设计与开发最终都指向工作坊这个场景，尽管前面已经多次提及，平时也经常听见这个词语，但关于什么是工作坊，大家有不同的意见和理解。有些人认为只要现场有很多互动和交流就是工作坊，有些人认为涉及了学员面临的一些问题或短板就是工作坊，有些人认为老师现场做一次示范就是工作坊，有些人认为只要在学员离场之前做了行动计划就是工作坊……

我认为工作坊有 3 个关键特征。

第一，现场直面真实的问题，这是组织举办工作坊的前提和基础。这一特征使工作坊区别于传统的培训、拓展体验活动、上传下达的会议和具有娱乐休闲性质的交流活动。工作坊的主题一般都是明确、具体的。工作坊的发起一定是基于问题或美好的期望的，组织举办工作坊需要一定的资源和机会成本。工作坊必须有助于问题的解决、任务的推进或目标的达到。

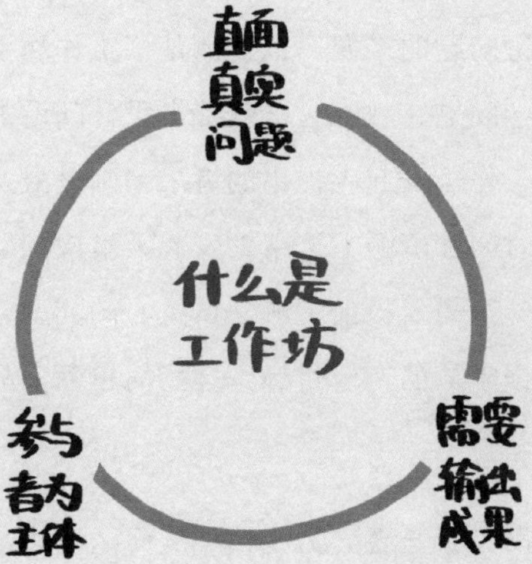
直面
真实
问题
什么是
工作坊
参与
者为
主体
需要
输出
成果

工作坊研讨的问题一般有两个来源。一个来自工作坊发起人提出的诉求，如通过传统目标分解形成共识的问题。针对此问题，可以借助工作坊让学员研讨和共创，在参与和对话中对目标实现路径和策略达成共识。另一个来自现场学员。有些时候，工作坊发起人也不确定本次工作坊研讨哪个问题，就会放权让现场学员提出研讨的问题，如在开放空间（Open Space Technology）会议中，围绕某一话题，现场学员直接提出相关困扰，工作坊学员共同找到解决困扰的策略。

了解了工作坊研讨问题的来源，也就清楚了工作坊引导师设计问题，与传统的培训师设计教学问题、教练为被教练者设计问题之间的差异。如果工作坊研讨的问题来自工作坊发起人提出的诉求，则挑战主要在于把握准确的需求，确保在特定的时间和资源下，帮助发起人解决问题。如果工作坊研讨的问题来自现场学员，则需要提前了解学员关心的问题，或者提前安排好研讨的流程，在现场根据学员的期望目标，运用简单而实战的规则、流程和工具灵活引导。

第二，必须以学员（参与者）为主体，从而区别于分享式的演讲、讲座和培训。以学员为主体，更多是指学员在现场扮演着主力军的角色，尤其在问题解决和目标达到的过程中，这个过程类似于一群游客登山的过程，导游爬到山顶不算成功。

以学员为主体，不同于以老师为主体，老师所准备的内容只是为了服务现场的学员，基于问题的解决和目标的达到。以学员为主体就意味着，工作坊的设计者和引导师要估算整体时间的安排、平衡学员获取资源和解决问题所需要的时间，而不像以往一样，只是考虑自己传授内容所需要的时间。这也意味着，同样的引导师面对同样的主题和任务目标，一旦学员群体发生变化，现场就会有很大的不同。以学员为主体，意味着老师准备得更加充分、更有经验，并更有灵活性；以学员为主体，还意味着工作坊引导师不是面对一个人和一个群体，而是要理解学员群体的复杂性。学员之间如何互动、碰撞和对话，需要设计者和引导师选择不同的策略，这个挑战难度的上升可不仅是数量级的变化。

第三，在现场得到实际可用的成果。工作坊举办得成功与否，很多时候是看前后的变化，而呈现变化最好的方式就是提供看得见、摸得着的东西。为此，建议每个工作坊都要努力形成一定的文本产出，并使学员看到这些产出。这不仅是成就感的体现，也是从想法落地为行动的关键一步。工作坊的产出，不同于传统培训中的准备好的案例研讨的成果。已有案例的研讨，有助于激活旧知、检验学员的水平和促进认知转变，但与现实的问题、学员面临的问题之间仍然有一些差距。如果只是做案例研讨，而不让学员将案例研讨的成果与实际问题连接起来，则培训传导的意义更大些，而引导产出的价值很模糊。作为工作坊的引导师，要时刻牢记身上的使命，要帮助学员通过参与工作坊解决问题，在参加了工作坊之后更有信心面对之前的问题、更有力量开始创造未来的行动。

3. 工作坊的显著价值

基于工作坊的 3 个关键特征，成功的工作坊往往同时具有 4 个显著价值。

第一，推动问题解决和目标达到。如果说问题解决就像一场旅程，那么每一次工作坊就像支持问题解决的加油站。在一对一问题无法得到解决或解决效率较低时，工作坊发起人召集人员开展研讨，有助于短期内集中资源和力量攻克难关。工作坊已经成为组织运行的重要载体和管理者的管理工具。

第二，促进工作交流和团队融合。当前，组织的社群化特征越来越明显，组织就像一张“蜘蛛大网”，任何“风吹草动”都能使整个网络有震动，这种社群关系的核心不是依靠吃烧烤、喝酒建立的兄弟情谊，而是基于彼此工作关联而合力干成一件大事的契约与默契。在工作坊中，学员吐露心声、贡献想法，彼此倾听、尊重彼此，将问题作为焦点和载体，推动了团队从“同而不和”走向“和而不同”。

第三，鼓励相互学习和技能提升。工作坊提供了“真刀实枪上战场前”的模拟训练场，每个学员的参与、贡献与水平都暴露在工作坊中。同时，工作坊营造的开放积极、相互学习的氛围，有助于促进大咖的无私分享和小白的虚心请教，推动组织工作语言的统一和工作水平的整体提升。

第四，激活独立个体和唤醒体验。超过50人的团队必须有更明确的分工边界，随之而来的问题是影响组织内的交流。工作坊提供了一次聚会的机会，有助于使员工从“隔岸观火”变为“岸边观水”，从“下水游泳”到“与波浪共舞”，吸收来自同事和客户一线反馈的成就感会使员工觉得工作开心和生命真实，这种体验不仅是个体成长的原动力，也是人们选择团队工作的初心。

明确了工作坊的3个关键特征和4个显著价值，就能够区分培训和引导、真工作坊和假工作坊。简单来说，工作坊的3个关键特征缺一不可，缺少一个特征就是令人怀疑的工作坊。只有真正的工作坊才能同时显现工作坊的4个显著价值，假工作坊则根本不可能兼具工作坊的4个显著价值。

4. 从课程设计到工作坊设计的演进趋势

接下来介绍课程和工作坊的关系，让更多人理解从课程设计到工作坊设计的演进趋势。

（1）培训课程与工作坊的差异

1）工作坊与传统培训课程的最大差异在于现场是否聚焦真实、重要且悬而未决的议题。

2）传统培训课程会设计案例，但很少直接花时间在现场研讨真实的问题。

3）工作坊可以分两类，一类是纯引导的工作坊，引导者几乎完全不做内容输入（除了为让学员更容易有产出而进行的结构化框架工具的介绍），称为引导师；另一类是引导+培训型工作坊，引导者既需要带领学员研讨问题，也需要整合地为学员做技能和内容的输入，称为引导式培训师，或者广义的引导师。

（2）从课程到工作坊，是为了让培训回归现场解决问题

传统培训课程将问题解决变为能力发展，再将能力发展变为培训，再将培训变为课程，结果是课程成果无法解决问题，反而使问题变得越来越严重。之后，便开始通过加强评估或加强需求分析来矫正问题解决方法，但此时只能是“隔靴搔痒”了。长此以往，业务部门看待人力资源和培训部门的眼光与态度就会发生转变。提升技能、培养长期解决问题的能力是传统培训课程经常宣导的价值，而其实这些技能提升和能力培养有显著的趋势，那就通过基于工作任务和直面问题导向的学习来提升和培养。基于引导技术的工作坊，可以组织学员开展真实问题的研讨，在工作坊结束后原先的问题就会得以解决，显著的价值就是得到可以直接使用的成果产出，让发起人看到投入的每一分钱得到了最大化的使用。

（3）从课程到工作坊，是为了让培训更接近真正的应用场景

课程设计现在越来越追求小而精，这源于业务人员越来越没有耐心，而且业务场景越来越复杂多变。课程更多的是为业务人员提供了一个解决问题的工具，但雕刻一个“石像”，仅靠一个工具可不够。因为从工作场景到学习场景，再到课堂，中间有太远的距离，所以课程设计得再好，到了工作场景，则很容易变得不够实用或者出现“英雄无用武之地”的情况。

难怪很多人参加培训都是为了放松而来的，因为他们都清楚培训产出都是做给老师和同行的人看的。

工作坊是工作场所之外的第二空间。工作坊与真实的工作场所互通，同时，又有其特殊的场域，与真实的工作场景若即若离，从而使工作坊有更多的视角和可能性。工作坊现场既是学习的环境，又是解决问题的环境，更是重新创造的环境。工作坊产出不是游戏成果，不是案例，而是实实在在的成果。优秀的引导师带领的工作坊让产出与实际问题无缝对接。用一句话来说，**工作坊相比课程更接近工作场景**。

（4）从课程到工作坊，对引导师提出了更新、更高的要求

相比较于课程设计，工作坊设计面临的任务和挑战似乎更加复杂，工作坊设计者不仅要有更多关于主题内容和工具方法的知识储备，还要应对因为开放、协商和鼓励真正参与而发生的各种突发状况。

1）现场如何平衡发起人的焦点目标（判定工作坊举办成功与否的标志）和学员的体验目标？

2）现场如何借力发起人，调动学员的参与热情、责任感和创造力，以合力解决有优先次序的问题？

3）如何把握工作坊定位，平衡现场解决问题和发展能力的时间安排？尤其是“引导＋培训”型工作坊。

4）如何设计工作坊的物理空间、人际空间和活动，塑造不同于培训现场的场域，让学员有不同的表现？

5）现场如何选择更佳的议题，带动学员进行深度对话与人际连接，让智慧得以整合创造，让方案质量更高？

6）如何巧妙又灵活地应对常见的工作坊挑战和困境？同时，又不因为控场而限制了学员的贡献与碰撞。

从课程到工作坊，不仅是设计技能的飞跃提升，更是面对问题解决模式的转型与变革。传统培训与课程设计模式和工作效率已经跟不上业务发展的趋势和问题发展的速度了，在个人技能提升与业务问题之间，清醒的发起人肯定会首选解决业务问题。谁能支持和帮助业务部门，谁就是组织真正需要的伙伴和专家。相反，如果基于课程设计本职能和本专业做事情，再专业也只是在正确做事，而不是在做正确的事这个轨道上奔跑。

（5）工作坊现场满意度评估

由于当前的引导与传统的培训还存在差异，所以引导师和传统的培训师在工作坊开始前的准备、现场精力分配、成果产出等方面的用力程度几乎完全不同。如果在工作坊结束后用传统的培训满意度评估表来评估效果，就会有点“牛头不对马嘴”了，**这好比你用川菜的标准来衡量粤菜，对引导师是有失公平的**。在评估工作坊现场满意度时使用工作坊现场满意度评估表非常重要。以下分享一个供参考的工作坊现场满意度评估表，如图 2-1 所示，你可以直接使用或修改后再使用。

以下详细介绍引导型工作坊与传统培训课程的差异，让更多人清楚背后的原理。

传统培训上课的逻辑假设：在“上课”前，传统的培训师试着了解发起人（多是业务部门负责人或老板）的需求，并与组织者一起将问题细化为解决人的问题，然后转化为人的技能提升问题，进而最终提炼转化为培训课程。其背后的逻辑是通过上课的方式促进问题解决者提升技能，从而使问题得到解决。由此，延伸出传统的培训师的核心技能之一是**能够将发起人关注的问题转化为培训课程**。

评估项目	优秀	好	及格	差
1. 关键议题选择				
2. 预期目标达到				
3. 成果产出质量				
4. 成果的共识度				
5. 整体流程设计				
6. 参与活动设计				
7. 时间节奏把控				
8. 现场能量调节				
9. 现场冲突应对				
10. 引导者的表现				

图 2-1　工作坊现场满意度评估表

工作坊引导的逻辑假设：直面发起人和学员关注的问题，构建工作坊这种场域，借助群策群力和团队共创的方式，使学员研讨问题解决的策略和方法，并在解决问题的过程中实现技能提升和团队融合。在整个过程中，引导师着力构建参与的氛围，使学员进行深度对话，使解决问题的过程变得更加轻松和容易，让学员对解决问题更有责任感和共识度。

由此，在工作坊中，发起人和学员关注的问题变成了载体或焦点，引导师使学员拥抱问题。由此，大大缩短了问题发现到问题解决之间的“战线”。或许，有人会说，工作坊这种做法更适合短、平、快地应对业务问题，而他们要做人才规划和梯队建设，要从战略的维度培养储备干部，所以需要依据胜任素质模型来发展技能。

在使用引导和工作坊时，人们都不否认赋能的必要性，都不否认经典模型工具的价值，都不否认面对小白级学员需要做的内容输入（如公司业务知识、管理规定、企业文化要求和职业化基础工具）。人们真正关心的应该是关于培训输入的逻辑、时机、方式和效果。例如，很多公司在新员工培训时安排大量通用工作技能的课程，这无异于告诉池塘的鱼儿如何预防后天的暴风雨和泥石流一样（缺乏工作场景，工作任务不明确）。

即使长期的项目，也应该依据培养的目标、方向和主题，基于真实的问题和场景需要，带领学员直面差距，以自行解决问题、弥补差距为主，以借力（赋能）为辅。经验反复证明，谁越俎代庖，谁就会吃力不讨好。

以下介绍为何从图 2-1 中的 10 个维度来看工作坊的满意度及引导师的整体表现。

首先，我认为，工作坊举办成功与否的前提和基础是看发起人是否满意。如果发起人不满意，那么学员再满意都是有问题的。如果学员满意了，发起人也满意则是另一回事。所以，每次工作坊开始之前，都需要首先找到真正的发起人并确保他的满意度；其次再搞清楚这次工作坊中，发起人满意和学员满意的关系。

然后，综合引导师在工作坊前中后的工作任务和能力表现，转化到学员的视角上，来给工作坊一个更多维度的评价和反馈。

工作坊现场满意度评估表中的 10 个维度，既是大多数工作坊引导师的工作方向和具体任务，也是能够反映其技能水平的关键点，同时也方便学员和培训组织者观察。

你可以依据自己的需要做出维度和打分制的调整。当有一天客户都清楚了引导和培训的差异、工作坊与培训的差异时，当业务部门主动成为工作坊的发起人时，那如何评估工作坊就成了一件不复杂的事情了。

第3章

常用的培训和引导流程及工具

面对培训形式升级为工作坊、课程设计转型为工作坊设计的现实，培训人员和课程设计人员需要有更综合和更复杂的技能。如果你是一名刚刚从事培训工作的人员，我建议你多了解培训与引导的工作逻辑，掌握常用的培训和引导流程；如果你是刚转型做引导或培训的，我也建议你多了解一些培训的基础知识，成为一名职业培训师并没有你想得那么容易和简单。优秀的引导式培训师依然是市场上非常稀缺的资源。

3.1 6个常用的培训流程和工具

在工作坊的大平台上，培训与引导已经不是冷战对立、互不交往的关系，而是各有擅长、统合增效的关系。对于部分从业务或人力资源部门转型为工作坊引导师的人来说，从培训中汲取经验、增长功力是至关重要的。课程设计与现场培训的流程，既可以严格区分开来，也可以综合起来思考。环顾优秀培训同行的课程和培训流程，可以发现一些常用、实战的设计流程。换一个角度来看，可以发现有一些工具、方法既可以用在课程设计上，也可以用在培训流程设计上，还可以用在工作坊流程设计上。不少培训人员在构建模型时喜欢“闭合圈”“循环往复”和“持续升级”，由此，可以将6个常用的培训流程和课程设计工具称为6个圈，依次是流水圈、黄金圈、五星教学圈、库伯学习圈、U型对话圈和FACT[①]循环圈（如果不好记忆，可以简单地联想为“吾伯有贩硫黄”）。

1. 流水圈

可以看到的最早的培训课程基本是按照老师分享的内容来编排设计的，

① FACT：F代表架构（Framework），A代表应用（Applicate），C代表完善（Consummate），T代表测试（Test）。

尤其是以学校老师为代表的专业知识的分享课程。如果要分享5个模块的内容，那么课件和上课的流程多是按照“总—分—总”的模式来设计的。首先简单介绍整体的框架，其次介绍模块1、模块2、模块3的内容，以此类推，直至将课程讲完，最后做一个总结串联，把前面的几个课程模块的重点内容按顺序过一遍。这样的清单式的培训流程设计就像流水账一样，所以我将其称为流水圈，如同山上的水流向山下，经过一个又一个的大坝，最后流进田野。

流水圈是很多企业内训师新开发一个主题课程时所习惯使用的。当接到一个“培训”需求后，企业内训师收集和分析需求，然后按照课程内容，最终形成一个课程的雏形。流水圈特别适于对课程内容有浓厚兴趣且基础比较薄弱的学员，老师扮演的角色就如同一个制作羊肉泡馍的师傅一样，把准备好的“内容”掰成一块块的“碎馍”，方便食客消化吸收。这也意味着，学员吸收多少就看老师的功力和学员的“肠胃”功能了。

流水圈式的培训流程有3个明显的优势。

第一，课程的框架比较清晰、内容比较系统。老师按照金字塔原理像搭建房子一样，把课程内容体系搭建起来，这样不仅好看，而且也很牢固。对于一个吸收能力强的学员来说，课程框架结构清晰的好处就是学习过后，知识获取比较系统，收获感和习得感比较强，复习起来也比较容易。

第二，方便老师准备课程内容和培训流程。准备好了课程内容，现场上课的流程也就出来了。按照这个逻辑，让很多新内训师发愁的不是设计现场的培训流程，而是制作幻灯片。

第三，特别适合知识点、工具方法特别多且都很简单的课程，尤其当这些课程内容之间的关联度不是很大时。例如，魔力工具箱©课程是讲授世界咖啡、焦点讨论法、团队共创和钻石研讨模型这4个引导工具方法的，老师要做

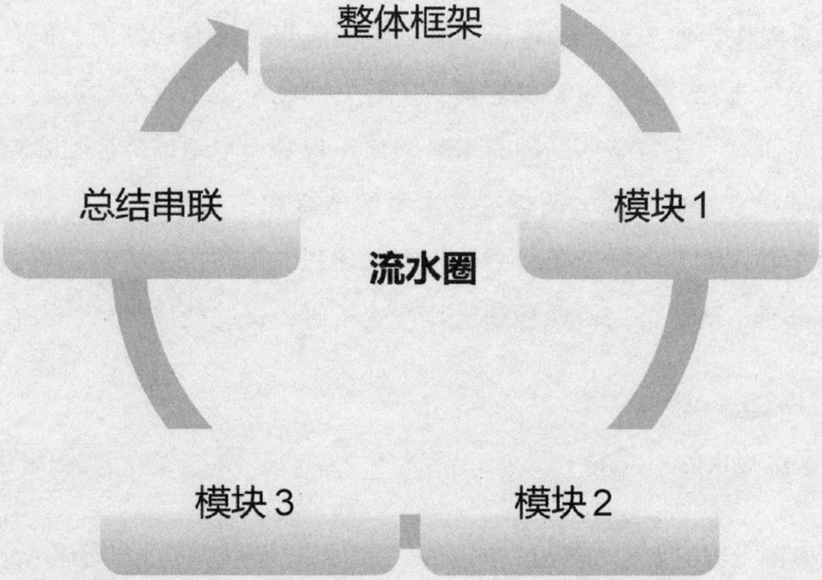
整体框架
模块 1
模块 2
模块 3
总结串联
流水圈

的就是在开场时使学员对引导有一个基础理解，最后区分和串联一下这 4 个工具方法即可。

在使用流水圈时，如果想要达到更好的效果，则需要考虑学员对内容的倾向性，在讲授要点时，把握好节奏和重点。此外，可以将流水圈流程设计为菜单形式，学员可以根据需要“点菜”，这样现场的学习体验和收获会更棒。

流水圈作为课程设计的逻辑和基础培训流程是没有问题的，但是作为现场的培训流程，则很容易以老师为中心，因此忽略了少数学员的个性化需求。在面对一个复杂问题的需求时，仅在现场简单地铺陈课程要点不一定能够解决复杂的问题，而且这给学员的整合和应用提出了过高的要求。从长期来看，重复地按照流水圈流程交付课程，容易使学员对课程的期待度和新鲜感下降，进而对课程和老师产生抵触，最终变成老师一人在台上自说自话。

2. 黄金圈

黄金圈，源自西蒙•斯涅克的《从“为什么”开始：乔布斯让 Apple 红遍世界的黄金法则》这本书。在这本书里，该作者介绍了一个 Why—How—What 的三环模型，其强调的重点是营销传播应该由 Why（使命理念）开始，自内及外逐级延伸至 How（如何做事）再到 What（我们的产品）。该作者举了一个例子来解释黄金圈。例如，苹果公司有很多产品，有趣的是，很多人不仅只购买苹果公司的某一个产品，而是也会购买相关的产品，原因是什么呢？当然，人们喜欢苹果公司产品的外形，但作者认为这与苹果公司宣传的理念和做事的方式直接相关。苹果公司宣称，他们所做的每件事，都是为了突破和创新，以不同的方式思考如何让世界更美好。基于这样的理念，他们

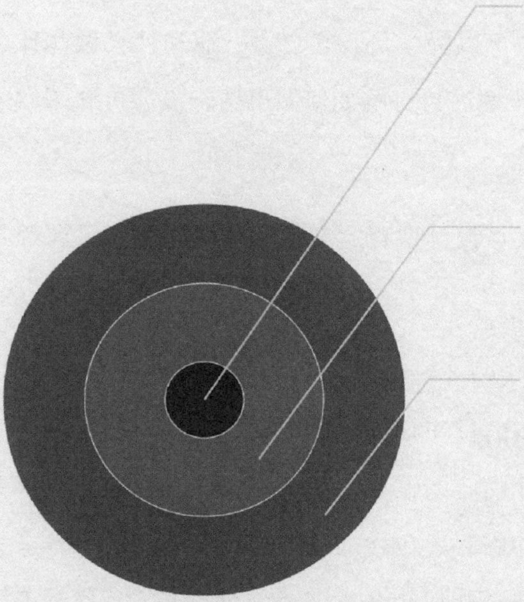
Why（使命理念）
我们做的每件事情都是为了突破和创新，我们以不同的方式思考如何让世界更美好
How（如何做事）
我们挑战现状的方式是设计精美、使用简单、界面友好的产品
What（我们的产品）
我们在过程中制造了 iPhone

黄金圈

认为让理念落地就必须挑战现状，具体的实现方式就是设计精美、使用简单和界面友好的产品，只是在这个过程中制造出了 iPhone 等具体的产品。该作者认为，消费者宁愿高价购买苹果公司的产品，在根源上是因为，消费者认同苹果公司所宣导的理念，而追求从 Why 开始、延伸至具体的工作，则是苹果公司产品持续成功的秘诀。

黄金圈的原理非常简单，但有非常广泛和重要的指导意义。培训人员在营销自己时，首先考虑的也应该是“可以为学员、客户、行业和社会做些什么”，告诉受众为什么要做这个事情，然后再讲解如何做事情，最后再介绍做出来的产品和服务。

以下来看一下黄金圈对于培训人员设计课程、准备课程内容和安排课程内容有什么启示？

一门课程的学习要点和内容主要源于4个方面：一是发起人的意图、期望和目标的延伸；二是培训人员对主题和目标的理解和沉淀；三是现场学员的想法碰撞、叠加和创造；四是其他专业内容的输入，如资料报告和专家分享。其中，培训人员对课程内容（广义的内容，包含内容结构与关系）的准备又是重中之重。课程内容准备程度是检验培训人员是否职业、课程是否成熟的关键标志，如何来检验课程内容是否准备充分呢？基于黄金圈，可以发现除课件内容外，对于课程主题假设、学员如何习得的把握更能反映一个培训人员的水平。由此，我设计了课程内容准备程度检验模型，如图3-1所示，简称道法术模型。参照这个模型进行课程内容准备程度的检测，不仅有助于培训人员完善课程，而且还有助于培训组织者筛选培训人员。

以下来看一个示例，如对一门领导力课程的内容准备程度检测。在 Why（道）层面，第一，培训人员要看被培训者是否认为领导力是可以被培养的。如果培训人员认为领导力是不可以被培养的，那么设计课程就成了无源之水、无本之木。第二，培训人员需要了解领导力课程针对哪个阶段的管理者是最有效的。第三，培训人员要清晰这个阶段的管理者实现领导力的突破需要面对哪些关键的障碍。由此，你会发现，这 3 个关键的问题其实是课程设计的立意前提。为什么有些课程上了之后没有效果呢？很多时候，原因并不在于培训人员讲解得不够清晰，根本原因可能是这 3 个问题就没有考虑清楚。

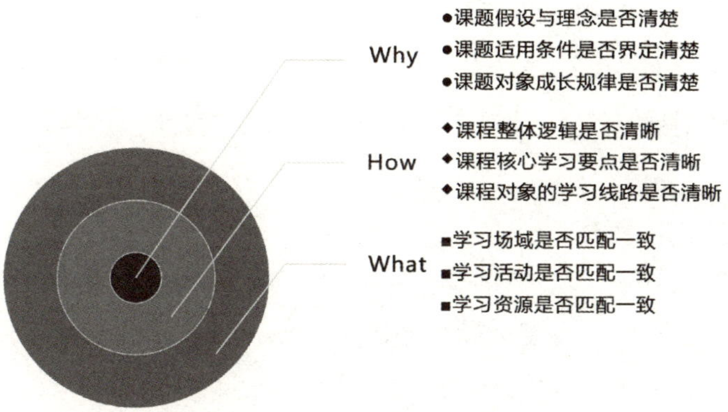

图 3-1 课程内容准备程度检验模型

在 How（法）层面，培训人员要自我检测一下，领导力课程的整体逻辑是否清晰，课程的核心学习要点是否能快速清晰地整理出来，课程对象的学习线路设计得是否清晰。这些内容主要是测试培训人员的课程设计和学习设计技能，也就意味着培训人员必须要清楚本期学员到底学习哪些内容、哪些内容是必要的，以及如何才能够学习得更有效率和更有效果。

在 What（术）层面，培训人员要检测现场的学习场域是否与领导力培养、管理者的学习阶段和学习内容一致，现场的学习活动是否与管理者的学习习惯相匹配，现场的学习资源是否足够支持管理者学得更好。举例来说，即使同一个主题，针对高层管理者、中层管理者和基层管理者，学习环境设计和学习活动设计也不能一样，同时，课件内容、课件呈现方式也应该是不一样的。

课程内容按照 Why—How—What 顺序准备好了，是否就可以直接按照这个顺序来讲授、推进呢？基于 Why—How—What 三者的内涵外延区分和组合关系，可以发现课程可以按照 3 种流程设计，每种流程都有其逻辑和适合场景。

一是 Why—What—How 流程。当要介绍一些新的概念原理，尤其是新工具方法时，经常要遵循这个流程，也就是先介绍为什么需要学习这个工具方法，再介绍这个工具方法是什么，最后介绍这个工具方法的操作流程和注意事项。能否有意识地运用 Why—How—What 培训流程几乎是衡量一个企业内训师合格与否的标志。

二是 Why—How—What 流程。当涉及一些新颖且需要具体操作的课程主题时，需要先介绍为什么要选择新的操作流程，再介绍和示范如何操作，最后介绍每个操作流程需要特别注意的事项。

三是 What—How—Why 流程。有时，学员迫切期望获悉一些已经确定的信息，“不绕弯”就成了众人期待的培训流程。此时，先简单高效地传达会更有效率，然后再介绍这些决议制定的过程，最后解释原理。

黄金圈的 3 个培训流程的延展，非常简单和实用，特别适于新入行的培训人员，而且黄金圈对培训人员准备课程内容的启示和价值更大，培训人员可以借此来完善自己的课程体系。

3. 五星教学圈

五星教学法（五星教学圈）是戴维•梅里尔教授在《首要教学原理》一书中提及的教学理论，在国内培训圈中因田俊国老师的倡导和推荐而迅速走红，并拥有了一大批支持者，甚至可以说，是否应用五星教学法是当今判断一个培训人员风格和衡量其培训水平的重要标志。五星教学法认为教学的过程和任务可以分为 5 个关键步骤，第一是聚焦真实问题，第二是激活过往认知，第三是展示论证新知，第四是尝试应用新知，第五是与现实融会贯通。

五星教学法给培训人员的启示至少有 3 点。一是培训的起点必须是解决真实的业务问题，要让学习场景与业务场景之间的距离缩短，借助真实的问题激发学员学习参与的兴趣、积极性和收益期待，避免一开始就做知识信息的输入。二是成人接受新技能有 3 个关键点，即必须浮现过往的认知和做法，使其看到自身能力与当前问题解决所需能力之间的差距，使其愿意接受新的方法技能。一般来说，只有经过验证，成人才愿意接受并尝试应用新知。三是教学任务不应该在课堂结束之后就结束了，而是应该跟踪学员至现实应用中，并依据应用的效果再反复夯实。

五星教学法的提出是教学设计领域中的一个重大进步，因为它融合了认知主义和建构主义的观点，开始提倡让教学始终聚焦和围绕真实问题的解决，使教学工作更加务实和接地气，并提出了检验学员是否学会的重要标志不是在课堂上，而是在现实的工作场景中，看问题是否得到解决。五星教学法具有很大的现实指导价值，有助于传统的学院派老师改造其全程只讲解的教学方式，增强其教学设计中的交流互动。例如，老师可以在上课前增加教学目标、教学内容与学员现实问题之间的连接，还可以在上课过程中做示范和展示，并借助案例等督促学员开展一些简单可操作的练习并给予反馈。

4. 库伯学习圈

库伯学习圈是大卫•库伯在总结了约翰•杜威、库尔特•勒温和皮亚杰经验学习模式的基础上，提出的自己的经验学习模式。库伯学习圈是目前东西方学习发展领域普遍认可和使用的成人教学指导方法。

大部分人都有学习骑车的经历。学会骑车需要经历几个关键的环节：看

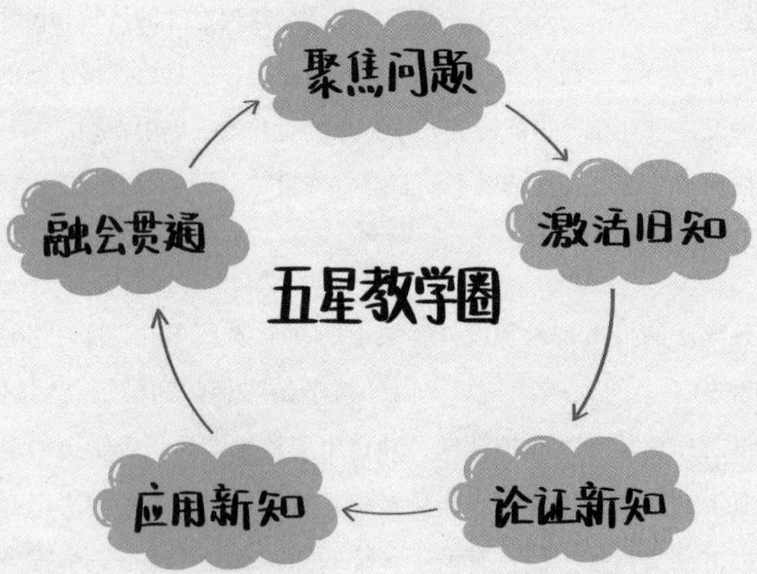
聚焦问题
激活旧知
论证新知
应用新知
融会贯通
五星教学圈

别人骑车、试着摸索骑车、总结失败经验、听别人指点、正式上路。通过“学会骑车”这个案例，可以发现成人要学习和掌握一项新的技能，需要具体的体验，体验过后回放、反思自己的行为，然后进一步地概括提炼总结，形成经验和模式。之后，还需要继续积极试验、反复进行，就可以更快速地掌握一项新的技能了。

库伯认为体验学习过程是由 4 个适应新的学习阶段构成的环形结构，先有具体体验，然后反思观察、抽象概括、积极试验。具体体验是使学习者完全进入一种场景，开启新的体验。反思观察是指学习者暂时停下来，对经历的体验进行回顾思考。抽象概括是指学习者对反思观察的内容进一步地提炼，使之成为指导性的概念方法。积极试验是指学习者验证这些概念方法，并且运用到解决新的问题中。

一般来说，完整的学习过程包含了具体体验、反思观察、抽象概括、积极试验 4 个阶段。不同的人在学习风格上存在个体差异，不同学习风格的人对各个阶段的偏好也不一样，在各阶段中学习的效果也有所不同。通过学习风格的调查，可以知道有的学员喜欢听实践内容，有的学员喜欢面对真实的问题，有的学员喜欢参与和体验。在培训前借助入场调查了解学员的学习风格有助于老师调整学习方式和分配学习时间，提升学习效率，改善学习体验。

将库伯学习圈应用于课程设计，需要注意以下关键事项。

在具体体验环节，将学员带入学习和解决问题的场景，使更多的学员参与进来以拥有更多的体验和认知。同时，借助面对真实的挑战激活学员过往的知识和做法。操作时尽量选择真实的问题或类似的场景，依据整体的时间和学员的学习风格设计时间比例。

在具体体验环节，让一部分水平比较高的学员参与解决问题，因为让更

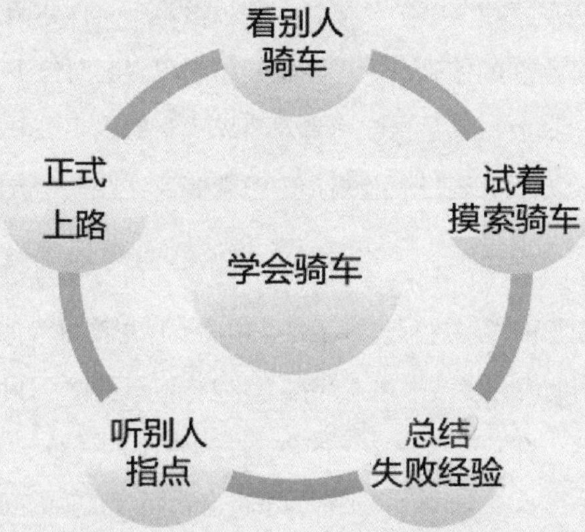
看别人
骑车
试着
摸索骑车
总结
失败经验
听别人
指点
正式
上路
学会骑车

多的学员去参与和体验，有助于现场学员之间的知识和经验分享。

在反思观察环节，回放和观察刚才应对问题的处理方式和方法，让更多的学员反思自己应对问题的方法。操作时可以采取内容和过程回顾两种方式，也可以借助小组内对话和小组间对话两种方式。如果反思观察做得足够充分，则老师会发现，学员已经把很多学习要点总结体现出来了。老师只做补充和建立架构就可以了。

在抽象概括环节，需要将经验和方法上升到概念层面，这样有助于举一反三以应对更多的挑战和任务。同时，老师在现场可以分享更加完整系统的知识，解答学员在具体体验和反思观察环节的疑问。操作时尽量要形成一定的模型和架构，最好采用共创的模式进行，同时注意抽象概括出来的内容要简单易用，既要有指导性，又要方便学员学习。抽象概括环节的时间应依据现场学员的水平和学习风格而定。此外，抽象概括出来的内容反映了老师在该领域的知识储备。

在积极试验环节，要将上一个阶段抽象概括出来的内容应用一下。内容是否有用，只有再次面对真实问题时才能知道，以便继续学习和深入学习。同时，让学员看见理论指导前后的变化，起到检验学习、检查学习效果的目的。积极试验环节的产出，如果能够在培训后直接应用，就是最好不过的了。如此培训，现场就得到了直接可用的产出。

库伯学习圈几乎是万能的教学指导方法，应用场景非常广泛，可以用在技能提升的课程、能力发展类工作坊、沙龙体验活动、拓展类课程、沙盘学习课程等。举例来说，如果你不知道如何设计沙龙体验活动，那么库伯学习圈可以帮助你，因为这是一种最实用的方法。无论是什么课题，现场一开始都需要让学员先体验一下新方法，老师也要做示范。之后，老师带领学员回顾反思新方法跟过往方法的差异。然后老师再进一步分享一个关键的知识点和工具。最

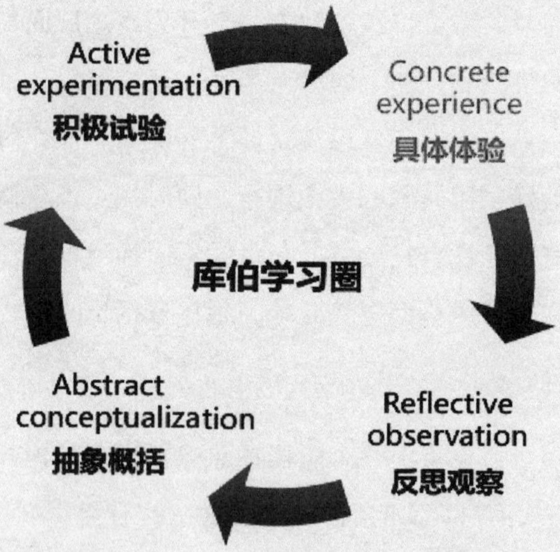
Active
experimentation
积极试验
Concrete
experience
具体体验
库伯学习圈
Reflective
observation
反思观察
Abstract
conceptualization
抽象概括

后，再让学员去应用。至此，沙龙活动结束。

【示例】运用库伯学习圈重新设计管理者角色认知这门课程。

过往的管理者角色认知课程的教学流程一般包含 4 个内容：第一，案例讲解，如常见的角色错位、应该扮演的职业角色；第二，案例研讨，分析案例中存在的问题；第三，案例讲解，如何实现角色的转化；第四，再做一次案例研讨，研讨转化经验与职能的正确履行。

使用库伯学习圈设计的管理者角色认知课程 2.0 的教学流程如下。第一，各小组选择一个真实的与管理者的角色认知相关的场景，让学员尝试提出对策。如果学员的应对措施不合适，那么老师可以给出示范性的措施。第二，群体回顾在解决问题过程中的做法，总结和分享解决问题的经验。第三，在老师给出的框架模型的基础之上，共创管理者应扮演的角色及应防备的错位模型。第四，应用共创萃取的角色模型，再次面对更复杂的难题，研讨解决问题的办法。

相比于之前的流程，重新设计的管理者角色认知课程 2.0 的教学流程有几个典型的优势：课堂现场重视学员的学习体验；学习场景与真实的工作场景连接起来更有助于学员提升学习效率和转化效率；4 个环节的完整设计照顾到不同风格的学员；设计流程更加清晰、简单易用，时间分配也可以依据群体的学习风格和需要，灵活调整；学员真正成为课堂学习的主体，老师成为学员学习的辅助者。

5. U 型对话圈

一般来说，很多传统的培训都有 4 个典型的课程设计问题。

第一，开场案例代入感不强，与学员的连接不够，学员进入学习场景的速度缓慢。

第二，学习前后的变化没有被显著地展现出来，为了推进内容而省略了学员沉淀、觉察和庆祝的环节。

第三，学员个人经验在现场没有被充分激发出来，欲言又止、浅尝辄止，群体经验的连接时间往往不够。

第四，学员之间存在固有的认知差异，为了照顾全体学员，老师灌输了太多常识，导致学员没有时间学习、建构和消化新的知识。

对于以上 4 个典型的课程设计问题，U 型对话圈提供了针对性的应对解决措施。

运用了U型对话圈的课堂分为5个部分：第一，一开始，学员需要面对一个真实的挑战性任务；第二，学员开始第一次尝试解决问题并完成任务；第三，面对尝试的结果，学员之间、老师与学员之间进行深度对话；第四，学员第二次尝试面对挑战性任务；第五，对比感悟，对比两次尝试的结果和表现，群体反思总结。

以下介绍每个部分的价值点和操作注意事项。

第一，面对挑战性任务。它的价值在于让学员快速进入熟悉的场景。操作时应注意尽量选择与主题相关、真实重要、悬而未决、有挑战性的任务。采用小组方式进行选择，学员不可以各自直接认领自己的任务。

第二，开展第一次尝试。价值点在于激活学员过往的知识和经验。操作时应注意首先选择那些难度不是很大的场景，同时限定好时间，产出的格式也尽量简单、清晰。

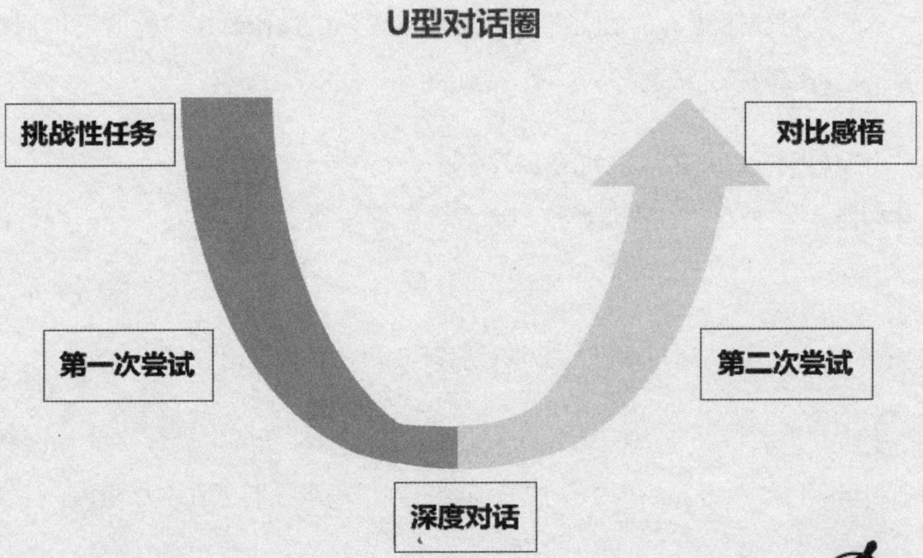
U型对话圈
挑战性任务
对比感悟
第一次尝试
第二次尝试
深度对话

第三，深度对话。价值点在于让学员之间连接资源、增加资源。操作时应推动各个小组之间开展对话。必要时老师也可以贡献案例、工具和经验。

第四，开展第二次尝试。价值点在于推动学员运用前期交流学习的所得。操作时应注意既可以选择同一个任务，也可以选择更有挑战性的任务。必要时，老师可根据需要做出指点，帮助其回顾和厘清一些关键点。

第五，对比感悟。价值点在于沉淀学习成果。操作时应注意既可以回顾内容，也可以回顾完成任务的整个过程。

与库伯学习圈和之后提到的 FACT 循环圈一样，U 型对话圈的使用场景也非常广泛，包含了发展技能类培训课程、引导 + 培训型工作坊、纯引导性的工作坊。

【示例】运用 U 型对话圈重新设计管理者角色认知这门课程。

第一，提前设计或现场选出与主题相关的挑战性任务，进行简单的分类，每个小组 4 ~ 5 人以小组为单位选择场景，确保场景发起者在本小组内。

第二，小组开展第一次解决问题尝试。每组一个问题，借助群体的智慧，面对那些比较容易的任务场景。

第三，深度对话。小组回顾交流第一次尝试的结果，并且进一步获得应对挑战的更多经验和资源。小组之间可以贡献智慧，老师也可以贡献和分享内容。

第四，再次应对之前的挑战任务，或者选择那些更有挑战性的新任务。

第五，对比两次应对挑战性任务的处理方法，沉淀和分享各自的成长与收获。

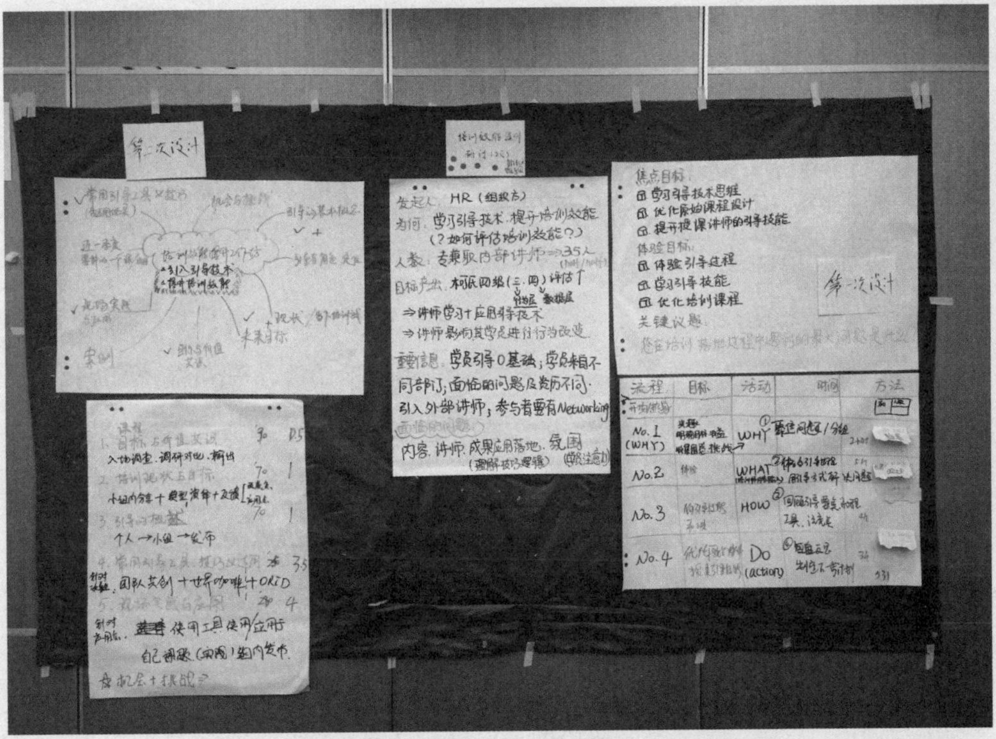
第二次设计
发起人：HR（组织方）
为何：学习引导技术，提升培训效能
（？如何评估培训效能？）
人数：专兼职内部讲师=>35人
重要议题：学员引导0基础；学员来自不同部门，面临的问题及资历不同。
引入外部讲师；参与者要有Networking
内容、讲师、成果应用落地、氛围
焦点目标：
学习引导技术思维
优化原始课程设计
提升授课讲师的引导技能
体验目标：
体验引导过程
学习引导技能
优化培训课程
关键议题
第一次设计
流程
目标
活动
时间
方法
No.1 (WHY)
WHY
No.2
WHAT
No.3
HOW
No.4
Do (action)

使用U型对话圈设计引导式课程流程有3个典型优势。第一，现场实战度增强。在解决真实问题过程中提升实用技能，激发学员的求胜欲望，减少脱离实际的空谈和说教。第二，成长度彰显。两次面对挑战性任务的前后方法的变化，有力地彰显学员的成长变化，课程价值不言而喻。第三，产出质量高。现场选择真实重要、紧急、悬而未决的议题，历经两次高强度的群策群力，产出的现实可用度和推广度高。

6. FACT循环圈

一般来说，几乎所有好的课程都会呈现一个模型、工具、方法或模式。同时，问题和风险也接踵而至，课堂上就怕出现这4种情况。第一，老师给的模型离学员太远，高大上，不接地气，无法指导学员进行实践，或者太复杂、不好用。第二，老师给的模型未经现场实践检验，不知道能不能用、好不好用。第三，有的学员边上课边建构自己的模型，可老师并没给学员机会和时间呈现建构后的模型。第四，老师给学员时间建构模型，可是现场学员建构后的模型五花八门，很多学员习惯性地希望有个统一的模型，于是瞬间茫然了。

FACT循环圈正是针对以上4种情况而生的，它包含了4个流程，分别是架构、应用、完善、测试。用通俗的话讲就是，每次课程先让学员一起来建构一个课程主题模型，然后应用这个模型，去尝试应用，然后依据应用的结果来完善模型，最后，再一次运用模型或测试模型。

FACT循环圈将一堂课分成两条主线，一是模型架构与完善，二是模型应用与测试，这两条主线相互牵引、相互促进，使得课程演进呈现出了双螺旋同步上升的趋势和姿态。

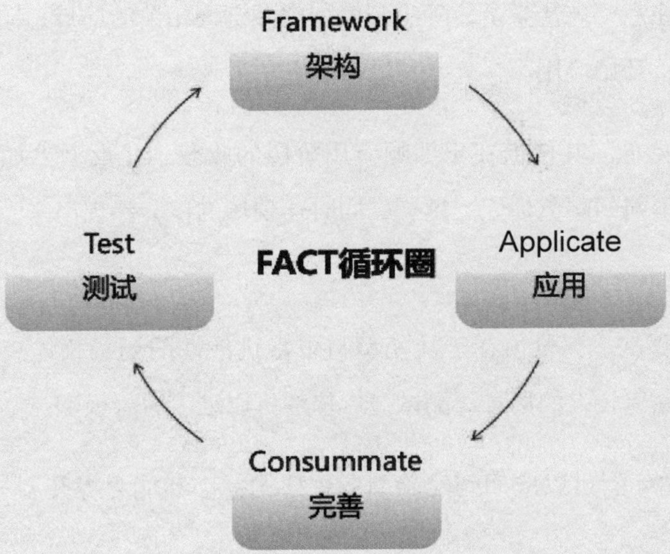
Framework
架构
Applicate
应用
Consummate
完善
Test
测试
FACT循环圈

以下介绍每个流程的价值点和操作注意事项。

第一，架构。其价值在于激活旧知，共创原型。操作时，可以依据主题多次尝试隐喻图形架构。另外，为了能够更快地想到关键词，可以提供一些参考关键词。

第二，应用。其价值在于让模型与学员的场景相连接，同时在现场呈现。操作时需要注意，先让学员梳理出与模型中关键词相关的场景，同时选择比较简单的场景，开始应用。

第三，完善。其价值在于回顾应用阶段的收获，让模型更加完善。操作时需注意用不同的颜色标注关键词，同时让现场的体会浮现出来，引发学员进行对话。

第四，测试。其价值在于让模型与更富挑战性的场景相连接。操作时可以选择挑战性比较大的场景，测试过后依然可以继续完善模型。

FACT 循环圈可以应用到经验萃取、建构标准和能力提升型的培训课程，或者工作坊中。

【示例】运用 FACT 循环圈设计管理者角色认知这门课程。

第一，架构。群体共创管理和角色模型。老师可以给出结构化模型的框架，或者目录。

第二，应用。现场提取管理者角色认知过程中的困境与冲突场景。先选择那些与角色模型中相关的比较容易处理的场景，分组尝试解决这些问题，提出对策。

第三，完善。完善、回顾和提取在解决问题过程中的心得与体会，进一

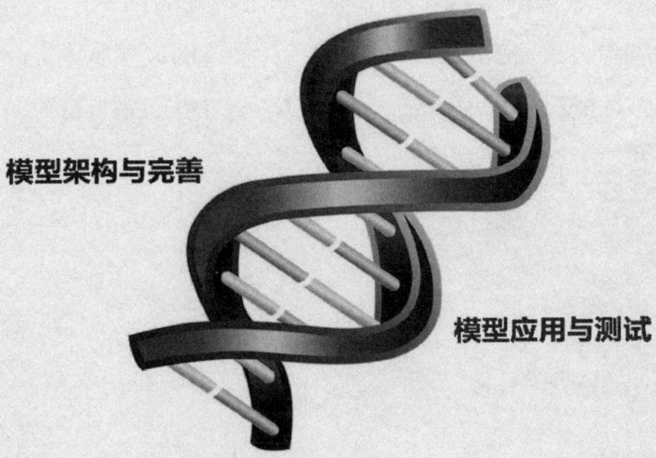
模型架构与完善
模型应用与测试

步完善管理者角色模型。

第四，测试。选择那些比较难以处理的困境，运用完善后的管理者角色模型进行解决。

运用 FACT 循环圈设计课程流程有三大典型优势。第一，现场参与度更高了。学员建构标准并自己完善标准，对成果的责任感和荣誉感也更加强烈。

第二，成果质量更高了。在回顾和萃取个人经验的基础上，增加现场对话和现场实战体验，激发新的创意和潜能，让最终的成果质量提高，共识度显著增强。第三，技能提升更加明显。两次现场练习有助于学员对照看到自己的进步，推动经验交流和技能提升，有助于组织经验传承。

【老林分享】到底谁更适合教授引导技术

对于这个问题有人可能会说，这还用问吗？肯定是引导师。如果一个传统的培训师都没有引导的实践，怎么可能传授引导技术呢？可是很多引导师并不是传统的培训师出身，在高效传授引导技术方面，他们并没有体现出传统培训的现场习得效果，这到底怪谁呢？是课堂上不合适传授引导吗？还是引导本身的学习就需要一个混沌的过程？那么反过来讲，引导难道不是一项技能吗？为什么绩效辅导可以学会，引导反而就这么难呢？最近，我在自己教授引导和参与其他老师的课程活动过程中有了更多的觉察和发现。

关于这个话题，我的核心观点和建议（包括给自己）如下。

第一，成人学习原理整体仍然有效。

不管是 90 后还是 60 后，只要是成熟的职场人，成人学习的基本原理对其依然是有效的。过往培训的一些方法和设计在教授引导技术时依然非常实用，如直击痛点、激发兴趣、展示框架、亲自示范、案例讲授、总结点评、视频教学、情景模拟与角色扮演、技能展示与知识测试、情感渲染、游戏赋能等。引导师可以不选择过往的方法，但必须要有替代策略和方法，以达到相同的目标。当然，并不是让你学习使用引导的所有方法，但依据学员的水平、倾向和自己的擅长，选择强化 3 ~ 5 种方法是非常有必要的。

第二，传递知识不是引导的特征。

并不是说做培训不用幻灯片就比较厉害，也不是说老师上课讲得越少就越厉害。

当学员都是“知识小白”时，必要的知识输入是有必要的。当学员需要时，老师可以选择延迟满足，也可以选择立即满足。

与此同时，除非时间非常充足，否则引导师应该在课堂上适当减少一些体验的时间，并且慎重选择体验的工具方法。其背后的原因是，大量的学员的学习倾向和习惯是被告知，而不是在自己体验很长时间后自己体悟得知（除非现场有足够经历的学员扮演师傅）。同时，引导师要在学员体验后配有强有力的总结，而且总结要到位，让学员有获得感。对于何时戴上引导师的“帽子”、何时摘下引导师的“帽子”，引导师要保持头脑清醒。

特别要注意的是，在老师使用有些过于复杂的工具时，打击了初学者的学习兴趣和积极性，尤其在这些工具跟学员的应用场景不匹配时。引导师在培训时，要能够在内容和过程之间自由切换，不能以是否中立为标准来衡量教学工作，也不能将自己参加公开课的体验简单复制到内训上。培训组织者需要留意，不能因为自己参加引导公开课的体验很棒，就认为照搬到内训上也能让其他人有跟自己一样的体验。

第三，引导师要增强控场的信心和技能。

把控全场不仅需要规则，更需要老师强有力的信心的传递。一个自信的引导师在传授技能时，要相信自己的某一环节的设计和时间控制都是最能保证学习效果、最有效的，而不是纠结于如何彰显开放和包容的态度，以及是否允许学员懒散和不自律。这一点在我体验 Amy Chan 的视觉引导体验活动时感触很深。引导师是开放的，但不是软弱无力的；引导师允许个性学员存在，但不是允许其懒散，更不能以引导的精神为借口放任学员破坏整个学习场域。

第四，传统的培训师也要加深自己对引导的理解深度。

无论你选择做传统的培训师还是引导师，引导都是核心必备技能，而且培训的趋势之一就是现场引导学员开展研讨并得到可用产出。

当人们认为只有经验丰富的引导师才能传授引导技术时，人们担心的是传统的培训师能不能做好示范。与此相类似，其实有些资深的教练上的教练技术的课程，反而不如那些不够资深的教练。这背后有复杂和综合的因素。例如，我的学员直白地告诉我，老师的颜值也是很重要因素。最近，我已经开始把“Workshop 工作坊设计 ©”课程授权给一些合作伙伴们。此时，有人担心合作伙伴们的引导实践和经历不够丰富，没有授课能力，这也是我所担心的，但应该更看重的是他们在培训上的积淀、在服务当地客户时的灵活性，以及将实战的引导技术传授给更多人的强烈意愿和情怀（前提是掌握了关于课程内容、教学流程、教学指导等资料的完整呈现）。

【延伸分享】LAF 8 连环

有人可能会问，前面的 6 种典型培训流程和工具是否可以组合使用？当然可以，我与侯震老师联合设计的“LAF 引导式领导力©”课程就基本上综合了以上 6 种培训流程和工具，从而使之前培训或纯工作坊中缺失的环节完整地呈现出来。为了使不同的学员真正掌握技能并得到成果产出，我们的课程设计为 8 个环节，简称为“LAF 8 连环”，如果这 8 个环节少了任何一环，学员在掌握技能或产出成果过程中都无法与前后的环节保持连接。

第 1 环，设计前，选取业务场景的主题任务、明确挑战点，这是课程和工作坊的起点（我们聚焦选择了管理者 5 个工作场景任务，由客户根据上课时间选择当前的主题模块，按照流水圈的流程开展课程）。

第 2 环，上课前，设计并融合了矛盾和冲突的情景故事剧本，准备各模块涉及的概念常识、价值意义和学习要点（黄金圈、情景故事）。

第 3 环，上课时，讲解输入内容，让学员清楚流程、设计逻辑、确定学习目标，对学习旅程充满期待并有初步的准备（掌握黄金圈）。

第 4 环，面对情景故事，各小组群策群力地研讨，应对挑战性任务，演绎推进故事（五星教学圈的聚焦问题和激活旧知，U 型对话圈的挑战性任务和第一次尝试，FACT 循环圈的架构和应用）。

第 5 环，各小组回顾并反思应对挑战性任务的过程，小组间相互分享和学习（库伯学习圈的反思观察，U 型对话圈的深度对话）。

第 6 环，引导师解答疑问并与学员共创主题任务的应对规律和注意事项（五星教学圈的论证新知，库伯学习圈的抽象概括，FACT 循环圈的完善）。

第 7 环，各小组结合所学，联系实际，设计近期的研讨会流程，现场得到目标流程（五星教学圈的融会贯通，库伯学习圈的实践应用，U 型对话圈的第二次尝试，FACT 循环圈的测试）。

第 8 环，各小组根据应用需要和学习要点，基于产出进行现场演练，确保应用过程中的问题有应对经验（库伯学习圈的积极试验，U 型对话圈的第二次尝试，FACT 循环圈的测试）。

“LAF 8 连环”看起来似乎步骤多了，但其实质是设计者和引导师准备得更加充分了，整个过程就如同导游带领一群游客完成爬山团建的旅程一样。一个好的导游必须根据游客的要求精心准备，在登山前告知游客本次旅程的意义，简要介绍需要经过的景点及登山注意事项；在登山过程中，鼓励游客相互协助、完成挑战；在登顶后，带领游客分享登山的体验，总结经验，之后将这些经验用在下山的过程中和工作中。

3.2 6个常用的引导流程和工具

在纯引导型的工作坊中，引导师经常使用的6个流程，分别是钻石研讨模型的发散—震荡—收敛流程、焦点讨论法的ORID流程、问题分析与解决流程、GROW模型的流程、AI-4D流程和设计思维流程。这6个流程是引导师应掌握的基础内容，是引导师武器库里面最实战的工具，无论是单独使用，还是组合使用都能够完成目标。引导师应该清楚在自己几乎不做内容输入的情况下，如何让学员沿着何种最佳路线轻松、高效地到达山顶，尤其在遇到自己的积累不够或并不擅长的、重要紧急但来不及准备的课程主题时。

1. 钻石研讨模型的发散—震荡—收敛流程

发散—震荡—收敛是钻石研讨模型的核心流程，也是结构化研讨最常用的框架之一。传统的头脑风暴强调想法的多元性，但是在想法收敛环节往往过于简单，导致很多好的想法没有被利用起来，甚至打击了部分学员的积极性。钻石研讨模型的发散—震荡—收敛流程不仅延续了头脑风暴的发散特征，明确了想法收敛的原则、方式和流程，还在发散和收敛之间增加了震荡这个必经的过程。由此，想法的形成会经历一个类似菱形或钻石造型的过程。

钻石研讨模型的发散—震荡—收敛流程不仅适用于15分钟的小组研讨，而且也可以作为整个工作坊的流程，既可以是一个大的菱形里面嵌套一个小的菱形，也可以是一个发散—震荡—收敛流程紧跟另一个发散—震荡—收敛流程。发散环节侧重想法的数量和多元性，避免过早地评判和过早地收场；震荡环节包括想法的探询、澄清、分享、归类、整合和排序等，最常用的方式就是针对想法进行归类整理，在这个环节中引导师尽量保持中立，让学员之间进行充分的交流和碰撞；收敛环节的主要工作任务就是筛选想法，注意按照层层收敛的方式进行（建议先做四分法，再做三分法，再做二分法），避免收敛过早、过快，慎用投票这种收敛方式。一般情况下，把握两个原则：不到万不得已不投票、投票是为了进一步对话交流。

在运用钻石研讨模型带领工作坊时，引导师一定要首先提前明确工作坊的主题和焦点目标，明确实施策略。例如，针对某一主题是开展长时间充分的发散—震荡—收敛，还是将主题分拆成几个议题进行研讨；针对各个议题是依次同步进行，还是各个议题同步进行再做集中；是由主引导师一人发布指令统一带领，还是限定时间、成果和流程，让各小组引导师作为主体引导师。最后要注意的是，收敛的级别、成果颗粒度都应回到主题目标、学员体验目标和应用场景上，避免“半途而废”或“狗尾续貂”，耗费学员过多的能量。

2. 焦点讨论法的 ORID 流程

焦点讨论法是文化事业学会（Institute of Cultural Affairs，ICA）TOP®（Technology Of Participation）课程的核心工具和方法，其主体框架包括了客观事实（Objective）、反应（Reflective）、启示（Interpretative）、决定（Decisional），简称为 ORID。

ORID 呈现了人们从感知事实，到引发反应和感受，再到深入思考，再到做出决定的过程，不仅是引导师常用的引导工具方法，也是一套引导的流程。ORID 的启示和价值包括 3 个关键点。**一是，**人们做出的决策源于接触到的事情、自己的反应和思考。因此，要影响他的决策，就应该从前面的 3 种情况出发，要么让他看到更多的事情、要么使其呈现更多的反应、要么使其重新思考价值意义和原因（类似“推论阶梯”）。这给了流程设计者非常大的帮助，尤其是没有设计思路时，可以先从事实开始。**二是，**在流程设计时，要注意不仅要做理性分析，也要提醒学员觉察和呈现自己面对变化的反应和感受，这让人们看待工作坊有了一个新的视角，即工作坊不再是冷冰冰的计算—分析—决策的过程，也是一场包含触发感受、唤醒激情、情感连接和人心融合的过程。因此，这丰富了体验目标的内容，让引导师在设计流程时不仅限于关注学员的收获。三是，聚焦主题和目标产出是工作坊流程设计的原点。ORID 是一套提问的框架，也构成了工作坊流程的框架。因此，引导师在影响学员重新做出决定的过程中，可以引导学员打开脑洞，发现解决问题的所有可能性，只要是围绕本次工作坊的主题和目标的，一切都是允许的，这让工作坊的流程不再单一枯燥和乏味，也让不同风格和不同优势的引导师有了施展才华和释放个性的机会。

作为引导的流程，ORID 不仅清晰简洁，也非常灵活；既可以单独使用，又可以与其他流程结合使用。例如，人们经常将 ORID 的问题设计融入“世界咖啡”的 3 轮问题设计中，也经常按照 ORID 的逻辑设计一天工作坊的流程，而在 O 和 I 层面运用“世界咖啡”或“团队共创”可以看到更丰富的信息和更全面的想法。

3. 问题分析与解决流程

问题提出—澄清定义—深入分析—提出对策的流程，简称问题分析与解决流程，如同钻石研讨模型的流程一般，是最基础和常用的引导流程（甚至可以说是其他流程的基础），也是引导师需要掌握的分析工具和管理工具。根据实际应用需要，问题分析与解决流程有很多变形的版本。以下介绍其中的一个版本。问题分析与解决流程起始于找到一个恰当的问题，此处的问题本身是一种状态、表征和观点，更多可以理解为当前现状与期望目标之间的差距和矛盾。使用问题分析与解决流程的目的就是要找到从当前现状到达目标状态的路径、策略和选择。问题本身并不是一开始就无中生有和凭空存在的，而是起始于对“事实”的评判。人们在观察事实时，往往会看到一些现象、症状，听到一些声音，然后借由初级的分析和直觉判断，把某些事情定义为问题。问题作为一种判断，一旦被语言表达和视觉呈现出来，人们就开始关注它。

问题可以分为两类，一类是清晰定义类问题（Well-defined Problem），另一类是非清晰定义类问题（Ill-defined Problem）。清晰定义类问题的现状和目标都比较清晰，而非清晰定义类问题往往目标状态不清晰（大多数情况下）。相比之下，引导师面临清晰定义类问题时，利用工作坊的形式实施会比较容易些，因为目标效果比较容易衡量；而面临非清晰定义类问题时，利用工作坊的形式实施则相对复杂一些，应更多地考验引导师前期的经验和现场的灵活性。无论是哪类问题，问题背后往往有很多的背景信息，需要对这些信息进行汇总和分析，进而可以找到问题背后真正的问题。这也是问题分析与解决流程的关键一步。如果不澄清问题和重新确认问题，则会事倍功半。重新确认问题是一个漫长的过程，有时问题拥有者也会陷入困境，借助提问和探询有助问题拥有者清楚真正的问题所在。

对于经过问题拥有者确认后的问题，人们习惯于从历史的视角分析造成这个问题的原因，因为一般来讲，当前的问题是过往问题的历史累积，如果找到原始问题的原因并解决了原始问题，当前的问题就会迎刃而解。人们常用鱼骨图、问题树、金字塔模型等形式呈现造成问题的原因。在探索原因的过程中，人们也会经常选择人机料法环等工具方法，找到全面的分析维度，并从中筛选出关键原因。找到问题的关键原因之后，人们就会思考和使用头脑风暴解决关键问题的应对策略和办法。在发散—震荡—收敛流程之后，人们再选出那些容易实施且改善效果显著的方法，并将其转变为具体的行动计划。在行动计划实施一段时间后，再回顾并检查之前的问题是否得以解决，避免之前的方法只是解决了表面问题。

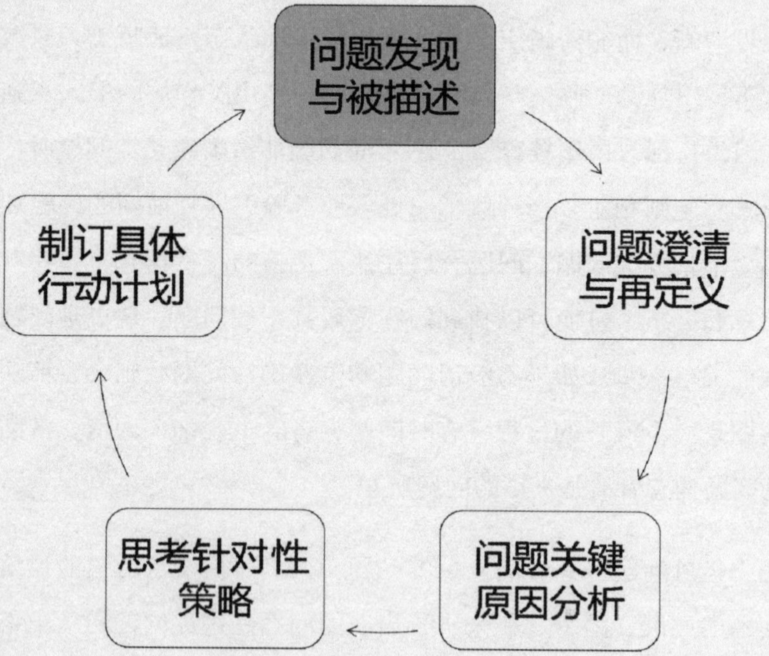
问题发现
与被描述
问题澄清
与再定义
问题关键
原因分析
思考针对性
策略
制订具体
行动计划

以下举一个例子，帮助引导师进一步确认问题分析与解决流程。例如，某企业内部引导师小王在本单位举办了几次工作坊，学员的反馈比较一般。小王认为这是源于自己掌握的引导工具不够多，于是给自己安排了引导工具学习计划。小王短时间内集中、疯狂地上各种引导课程，期望弥补自己的短板。结果小王花了很多钱后，学员的反馈仍然没有大的改进。如果要用问题分析与解决流程来帮助小王提升反馈评价，则需要针对学员的反馈进一步澄清和探询。学员认为小王的工作坊的效果“比较一般”的真正意思是什么？如何理解“比较一般”的意思？这背后的渴望和需要是什么？经过澄清和探询后可以发现，学员的意思是工作坊节奏的变化、流程的安排没有考虑学员的体验需要，或者在激发创意方面显著不够，或者在冲突暴露和引导方面浅尝辄止，并不仅是认为引导工具缺乏变化。如果重新确认学员的需求，小王就可以制订不一样的学习、反思和加强计划了。

4. GROW 模型的流程

GROW①模型是经典的教练工具，以下只是简单呈现其流程和逻辑。不同于问题分析与解决流程，GROW 模型的流程起始于目标，因此其面对的是发起人或学员的问题，并不是先进行问题的原因分析，而是回到主题本身，回忆或畅想真正的目标是什么、最终想实现的目标是什么。这样做的好处是，就如同人们在爬山过程中寻找路径一样，有助于人们避开对当前的问题、困难和障碍的纠结和缠绕，站在更高的位置确认方向，进而找到达到目标的路线。更好的视线还有助于人们找到更多的解决问题的资源，从而调整人们面对困难的心情、信心和决心。好的目标不仅是有图像画面感的、引人入胜的，还是有共识的。同时，好的目标也必须是清晰、明确和具体的，至少最终目标是如此的。在人们带着目标再次出发时，人们带着对目标的渴望，再去看当前所处的位置

① GROW：G（Goal）是指目标，R（Reality）是指现状，O（Options）是指方案，W（Will）是指意愿。

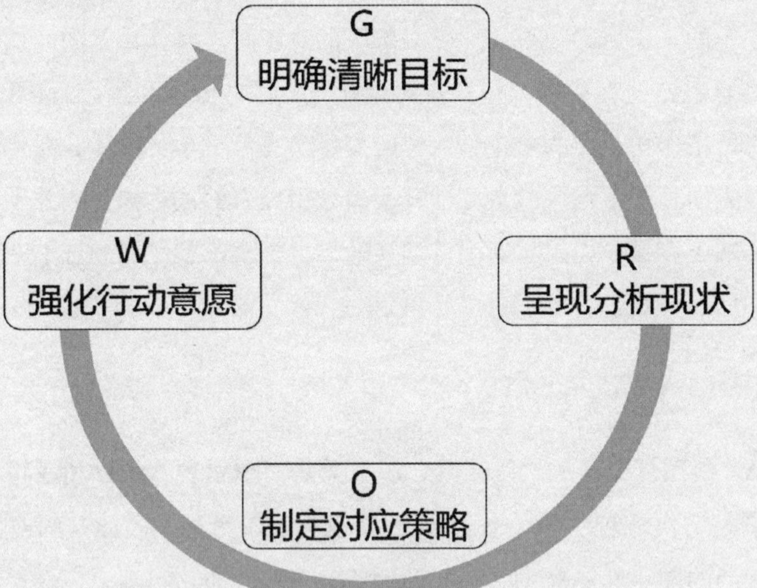
G
明确清晰目标
R
呈现分析现状
O
制定对应策略
W
强化行动意愿

和现状。人们可以借助 SWOT[①]分析呈现当前的现状。望着不远处的目标，看着脚下的处境，人们就有了牵线搭桥、规划路径和弥补差距的冲动，在策略选择时，人们又可以开动脑筋，发散—震荡—收敛想法，直至确定行动路线和第一步。在 W 环节，人们需要做的是进一步确保自己的投入、责任和承诺，并再次强调自己的行动带来的积极变化。

5. AI-4D 流程

欣赏式探询（Appreciative Inquiry，AI）是经典的引导工具和组织变革工具，因其流程涉及 4 个英文字母（Discover、Dream、Design、Destiny），所以我习惯用 AI-4D 循环或 AI-4D 流程来简称这个经典实战的工作坊流程。与问题分析与解决流程的背后将组织假设为一个有故障的机器不同，欣赏式探询将组织和团队放在永远都值得欣赏和仰望的位置，由此，引导师的核心工作不是找问题，而是面对一个新的挑战，让组织相信过往有一定类似的应对经验。引导师相信，让学员再次看到隐藏在组织内部强大的正向能量（Discover，新知探索）至关重要；之后，再引导学员看到正向能量得到最大释放时，在未来能看到的改善画面（Dream，梦想构筑）；画面清晰后，再次给予学员动力和渴望成功的激情，此时，引导师启发学员思考是为了让美好的画面变成现实，并了解当前可以开展哪些主题工作（Design，组织设计），并且邀请学员自觉组建小组开展行动（Destiny，把握命运）。

在 AI-4D 流程中包含了丰富多样的引导工具和方法，每位引导师都会根据 AI 精神设计和选择自己熟悉的引导工具。为了让更多的学习引导的人更容易记忆和实践，以下结合我的实践心得做具体介绍。我在每个流程里面都会固化一个工具，由此，AI-4D 流程中的引导过程就变成了历史拼图、未来拼

---

① SWOT：S（Strengths）是指优势，W（Weaknesses）是指劣势，O（Opportunities）是指机会，T（Threats）是指威胁。

图、现状拼图和行动拼图，由此，我也称 AI-4D 流程为 AI-4D 拼图或大象拼图（全程视觉共创）。变形后的 AI-4D 流程更加清晰和好用，也更加适于组织发展平稳和业务范围相对固定的组织，引导师可以尝试一下，或许可以找到更好的发挥 AI 威力与魅力的实战方法。

（1）历史拼图

在历史拼图环节，我选择运用“奇迹之墙”（历史图表）这个工具方法，旨在让学员看到组织或团队的完整发展历程，并在回顾记忆深刻的故事过程中让学员回忆创建的酸甜苦辣，然后沉淀让组织或团队能够走到现在、保持成功的关键事件。历史拼图的横向一般为时间维度，纵向为解析组织的维度，两者交叉的地方即为某年某项工作的关键事件，如图 3-2 所示。

	……	2013 年	2014 年	2015 年	2016 年	2017 年	2018 年
维度A		关键事件	关键事件	关键事件	关键事件	关键事件	关键事件
维度B		关键事件	……	……	……	……	关键事件
维度C		关键事件	……	……	……	……	关键事件
维度D		关键事件	……	……	……	……	关键事件
维度E		关键事件	……	……	……	……	关键事件
维度X		关键事件	关键事件	关键事件	关键事件	关键事件	关键事件

图 3-2　历史拼图的格式

在具体设计时，横向的时间间隔应该依据时间周期、发展历程和学员履历综合而定；纵向的维度可以借鉴典型的方法（如 PEST[①] 分析法），也可以直接选择客户的组织职能和核心任务主题（参照学员组成综合来定）；内容可以

① PEST：P（Politics）是指政治，E（Economic）是指经济，S（Society）是指社会，T（Technology）是指技术。

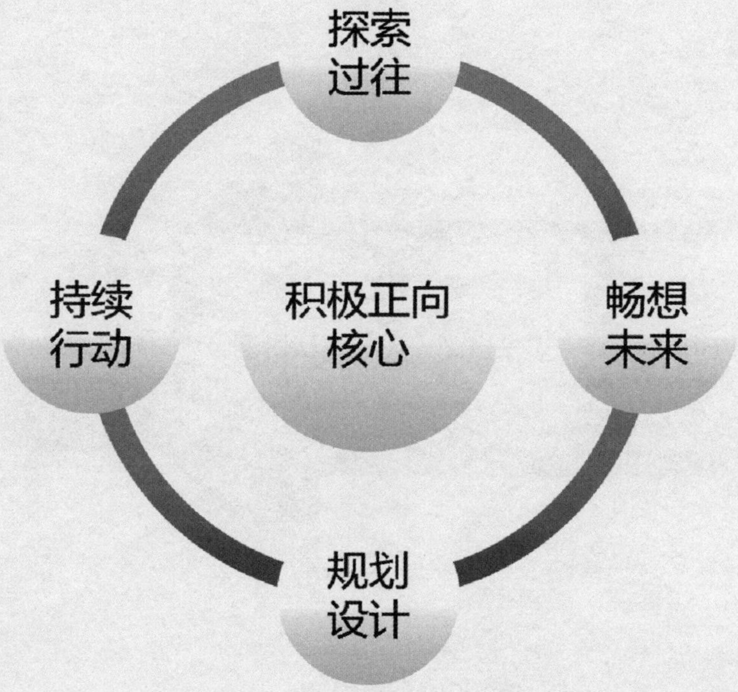
探索
过往
持续
行动
积极正向
核心
畅想
未来
规划
设计

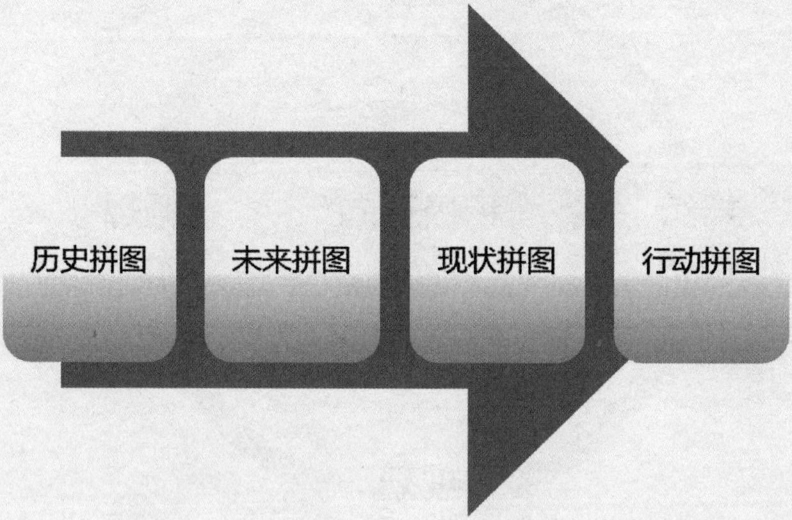
历史拼图
未来拼图
现状拼图
行动拼图

提前设定或现场共创，建议提前准备好；维度之间应相互独立，同时应尽量涵盖全部有价值的分析角度；维度之间也可以呈现不同层次，如社会、公司、个体，从中看到不同层次间的互动关系。

现场引导时，根据工作坊的整体目标、本阶段目标和时间，可以参照以下流程进行现场指导。

第一，学员分组：随机组建小组，4 ~ 5 人一组，按照纵向维度分组。

第二，分组同步回顾：回忆关键事件，明确格式，呈现想法。

第三，补充完善想法：按照时间维度，浏览想法，邀请补充想法。

第四，途中分享：邀请有故事的人（关注领导和老员工）分享故事。

第五，整体总结：标注关键事件，描绘整体发展历程和感受。

第六，终极提炼：寻找发展基因和关键成功因素，收敛，结构化呈现。

（2）未来拼图

在未来拼图这个环节，可以选择多种艺术化表达形式，我喜欢运用“隐喻图卡”调动学员的感受和想象力，之后再让学员描绘未来可期的画面。只是在描绘画面时，让各小组延续之前维度去思考，以让画面更加聚焦，而不是让学员泛泛地去思考整个组织的发展画面。所以在梦想构筑环节，依然是用拼图的方式，让学员在看到更具体画面的同时，看到画面之间的关联、主要特征和发展趋势。

在绘制视觉海报阶段，有 5 点注意事项 ：第一，未来拼图是现状拼图的进一步发展，也是历史基因的延续 ；第二，尽量图文并茂，呈现某一维度在某年后的理想画面或成功场景 ；第三，在呈现维度内要素逻辑关系时，可以

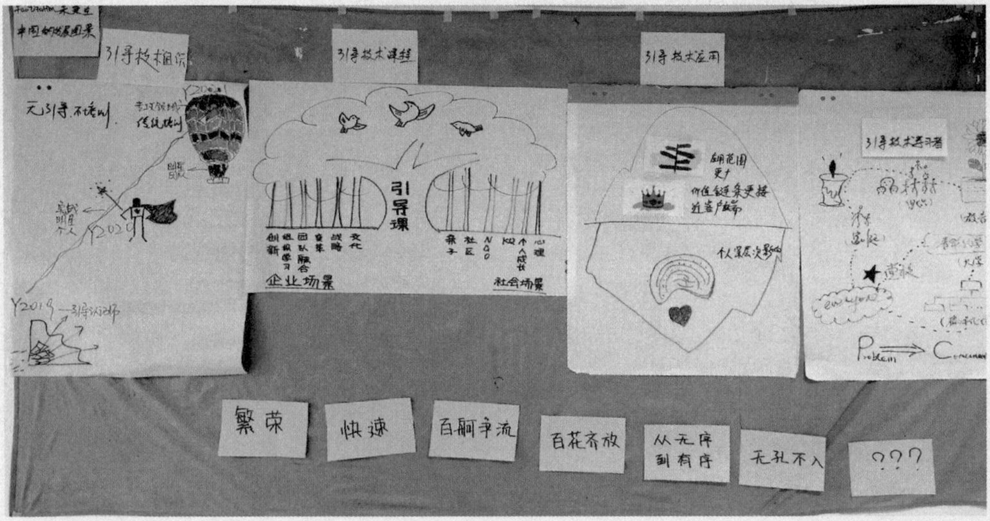
引导技术课程
引导技术应用
引导课
企业场景
社会场景
繁荣
快速
百舸争流
百花齐放
从无序
到有序
无孔不入
???

运用静态、动态隐喻；第四，隐喻是相似性和差异性的统一，有助阐释复杂想法和关系；第五，理解和借助常用的“隐喻图卡”，描绘出更加生动和美好的画面。

在进行未来拼图的现场引导时，注意以下 6 点：一是延续之前的小组分组，运用“隐喻图卡”开展活动，打开想象空间；二是给定未来的时间，以 1 ~ 3 年为佳，方便将愿景转化为目标；三是鼓励大胆描绘 1 年后或 2 年后该维度发展的愿景图像；四是给予适当又充分的时间，鼓励小组研讨、动手绘制隐喻海报；五是依次分享隐喻海报信息，试着让学员关注隐喻海报之间的关联关系；六是让学员试着整合图像，提炼发展趋势，形成洞见。

（3）现状拼图

一谈到现状分析，很多人就很容易想到运用 SWOT 和波浪分析（Wave Analysis）等工具方法，而我的操作更简单一些。我让学员把跟现状描绘相关的问题、障碍、风险等都转化为一个词——挑战（Challenge），之后借助思维导图的形式把学员的核心观点汇集起来。在操作欣赏式探询时，我发现如果少了以上这个环节，则学员提出的设计主题比较容易大而空，而且容易遗漏一些事项，也不方便下一步落地为行动计划。

在现状拼图环节，应注意延续历史拼图的维度，学员可以将现状拼图看成历史的汇总和总结，以方便理解；可以参照思维导图的原理，由内及外、逐层发散，完整呈现；可以从整体维度出发，先提炼观点，再寻找信息数据；也可以先寻找信息数据，再抓取关键信息，并提炼成短句；在每个维度下面，还可以继续增加分析的维度。

在进行现状拼图的引导环节，有 5 条注意事项：一是引导师规划、构建思维导图的整体布局图（中心 + 各维度）；二是学员延续之前的小组分

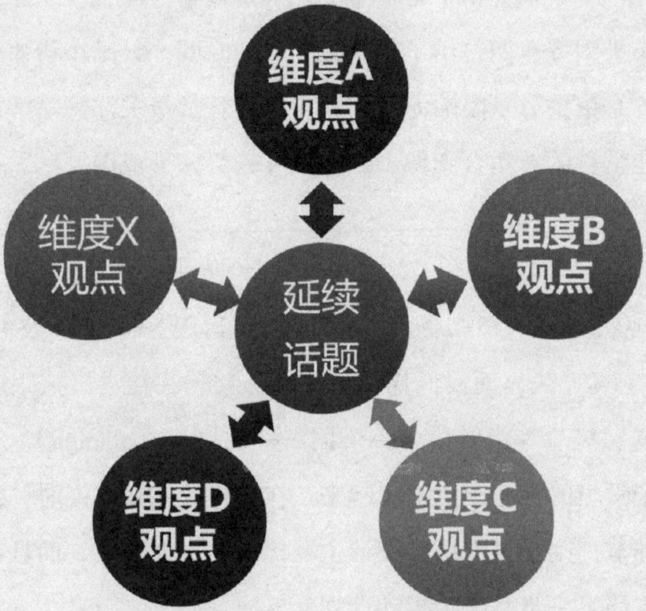
维度A
观点
维度X
观点
延续
话题
维度B
观点
维度D
观点
维度C
观点

组，小组提炼观点，找到支撑信息数据；三是本小组先澄清观点，再邀请其他组补充观点和关键数据信息；四是鼓励学员找到关于维度的核心想法或关键特征，试着用图像表达；五是从系统角度，整体看拼图，邀请学员收敛关键的现状信息，找到各维度的关系，并试着形成现状的整体观点、论断和洞察。

（4）行动拼图

在行动拼图环节，运用甘特图表这个工具方法。引导师邀请各小组回顾已经拥有的优势、对未来的美好期待、现实中的挑战，并共创需要开启的行动。之后，让学员将近期需要开展的里程碑事件，汇集成甘特图表（拼接到历史拼图上最好），让学员都能够看到时间推进进度，也方便学员看到彼此工作的关联。最后，调整之前的小组分组，组建真实的运营小组进行补充和完善，并针对要开展的行动做出承诺。

综上所述，AI-4D 的拼图借力时间的转换，引导学员更加积极向上，对组织更有信心，并获得了应对挑战的更多资源；全程延续了组织关键工作维度，有助于推动相关工作持续思考和深入推进；全程采用视觉拼图的形式，有助于学员看到每个环节的成果及之间的关系；全程采用小组共创、邀请补充、整体提炼的形式，不仅让引导流程变得更简单、容易复制，也让学员珍惜彼此的观点、提高对话质量。

6. 设计思维流程

设计思维（Design Thinking，DT）是创新体系里面流行的一套工具方法，也是引导师在解决非清晰定义问题时常用的工作坊流程。设计思维追求以人为中心，追求创新必须坚持以人为本的理念，鼓励人们在技术、市场和人本的交集里找到创新的机会，鼓励公司一开始就将用户纳入创新的团队，鼓励深层次去观察和同理客户的深层需要，鼓励大胆尝试提出创意并快速获取市场反馈。设计思维的流程和工具有很多，以下简要介绍我体验、学习和实践过的 6 步法，在这里很感谢张正明（Erik）让我更了解设计思维。

设计思维的第 1 步是理解人们面对的设计挑战。围绕挑战性的课题，人们需要厘清课题背后的利益相关者，尤其在找到用户、锁定用户群体之后，观察设计课题与用户接触的场景，探索在关键场景下的核心痛点和诉求。这是聚焦设计挑战的第 1 步，只有明确了用户、场景和痛点，才能开启创新工作。

设计思维的第 2 步是观察用户，尤其是用户在场景下的行为表现、心情感受和潜在需要。这一步需要近距离接触用户。设计思维并不追求用户的数量，而是更加看重用户的质量。其中，换位思考、获取深层次的沉浸体验至关重要，这与库伯学习圈强调以体验为学习的基础相类似。

设计思维的第 3 步是综合人们的观察结果，将体验化为数据、用户故事、产品与用户接触旅程、同理心地图，或者绘制出用户的画像，最终让人们对用户、产品或服务，以及两者的互动关系更加清晰，并据此重新提出设计挑战，此时的创新课题更加聚焦和实战。

设计思维的第 4 步是围绕新的设计挑战开展创意激发和震荡。此环节多用到各种变形的头脑风暴，也会经历发散—震荡—收敛的过程。

设计思维的第 5 步不只是停留在想法的阶段，而且还鼓励人们在现场将想法变成可见、可感知、可触摸的原型，这也是设计思维对传统工作坊引导流程的重要贡献。过往成果产出多停留在策略和方案阶段，设计思维的原型阶段将人们的想法往前推进了一步，让人们动手将想法呈现出来。

设计思维的第 6 步是进行测试，将原型推向用户，快速获取用户对原型的建议和看法。快速失败、迭代创新是设计思维的重要理念，这打破了传统流程中只是听取高层领导汇报的做法，让用户和受益者成为建设者。

设计思维的 6 个步骤和流程并不是完全的线性过程，从中能够获取的有很多。例如，一开始就清楚用户到底是谁、深入理解用户、快速设计和制作原型、获取用户的测试反馈等，这让人们从封闭的工作坊系统里走了出来，从外面的世界获取能量、资源和信息，不仅让人们转换了空间，同时更新了大脑思维。

设计思维 6 步法

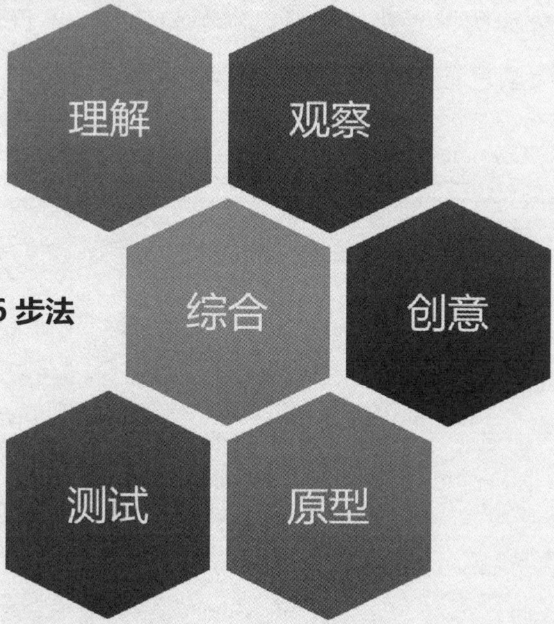

【延伸分享】引导流程选择6问6答

问：同一个引导工具，作为工具和流程有何区别？

答：有些特别的引导工具的流程清晰、逻辑关系严密，如果这些引导工具作为流程，则有助借用其逻辑，统领其他工具方法。

问：6个流程中哪一个是最实战的？我应该选择学习哪个？

答：其实每个流程都很棒，引导师可以选择发展一个最擅长的，以此为主流程，应对所有的工作坊。

问：我应该如何加强对这些流程的学习？

答：选择在这个流程方面有实战引导经验和成熟课程的老师进行学习，每个流程估计至少要有两天刻意训练才可以。

问：6个流程中哪个流程是作者最喜欢和最常用的？

答：我最喜欢和最常用的是AI-4D拼图，这与我经常带领战略共识、文化共创和团队融合主题工作坊有关。

问：这6个引导流程能不能拆解和组合使用呢？

答：当然可以，如果不考虑引导流程之间的关联，像拆解积木一样拆解这些流程，就会发现引导流程的背后其实是引导师帮助学员在解决问题的过程中寻找突破口和资源的各种尝试。

问：结合常见的工作坊主题场景，有没有更匹配的流程呢？

答：选择一个主流程，融合其他参考流程中的流程即可，如表3-1所示。

表 3-1　工作坊主题场景与常用流程的匹配

工作坊类型	工作坊主题	常用流程参考
回顾过去	项目复盘	ORID流程、问题分析与解决流程、AI-4D拼图的历史拼图
	组织经验萃取	ORID流程、问题分析与解决流程、AI-4D拼图的历史拼图
	团队复盘	ORID流程、问题分析与解决流程、AI-4D拼图流程
改善现状	流程优化	U型对话圈流程、问题分析与解决流程、GROW模型的流程
	绩效改进	问题分析与解决流程、GROW模型的流程、设计思维流程
	新老团队融合	AI-4D拼图流程、GROW模型的流程
	跨部门协作	AI-4D拼图流程、GROW模型的流程
规划未来	战略共识	AI-4D拼图流程、GROW模型的流程、设计思维流程
	文化共创	AI-4D拼图流程、GROW模型的流程
	组织变革	AI-4D拼图流程、GROW模型的流程、设计思维流程

第4章

将培训与引导融合于工作坊

4.1 培训与引导的异曲同工之处

刚接触引导时，为了让学员理解引导是什么，一般会选择将引导与培训对立起来做区分，这样做会让学员以为引导与培训不可相融合，无形之中也让培训人员面临一个选择两难的问题：要不要将培训与引导相融合?

引导与培训其实是异曲同工、殊途同归的，以下将从 5 个方面做分析，以帮助你成为能够在培训和引导之间自由切换的高级引导师，而且或许你最终会发现所谓差异更多是风格偏好的不同，或者是发展阶段和水平层次的不同。

1. 在激励参与方面，培训和引导都可以选择关联现在这种方式

如何激励学员参与，通用的方式包括唤起痛点、引发兴趣、成功展示、奖赏指引、关联现在和储备未来等。

传统的培训师基于各自风格的差异和方式偏好等，会选择一种或几种方式组合使用。大多传统的培训师喜欢采用关联现在这种方式，以学员真实的问题和当前的任务为课程引子，常用的方式是呈现告知、案例暗示和问题暴露，其目的都是将学员面临的难题和困扰直接呈现和展示出来，从而引发学员解决这些难题的兴趣，进而激发学员参与课程学习。一个好的传统的培训师总是能找准学员的问题，并依据问题解决需要安排课程内容。

引导（纯引导）选择并强化了关联现在这种方式，直接选择真实、重要、紧急且与学员利益相关的任务和问题，而没有花更多时间在其他方式上。运用好了关联现在这种方式，引导师就像导游一样循序渐进地强化游客的参与度，并且让学员感受到了不一样的参与度调动和保持的方式。

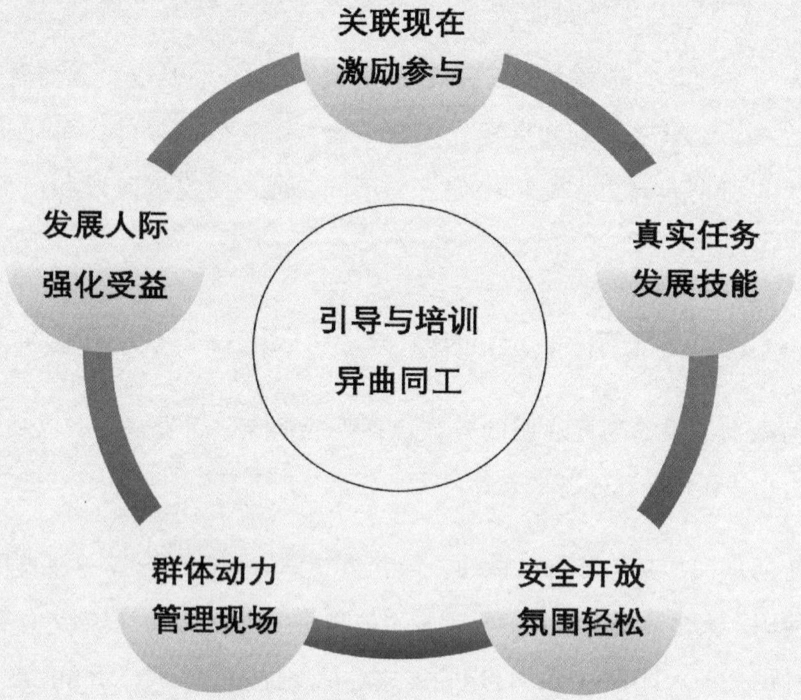
关联现在
激励参与
真实任务
发展技能
安全开放
氛围轻松
群体动力
管理现场
发展人际
强化受益
引导与培训
异曲同工

为什么传统的培训师在接受引导方面有所差异呢？其中之一就在于激励学员参与方面，有的人早已经采用关联现在这种方式了，而有的人则从来就不用或少用关联现在这种方式，毕竟其他方式也是足以激励学员参与的。

2. 在技能发展方面，培训和引导都可以选择以真实的挑战性任务为载体

绝大多数被培训的学员都希望发展对自己有价值的、实用的技能，这也是参加引导工作坊的学员的期望，无论本次工作坊的学员是多么渴望看到成果，因为学员从潜意识惯性上，都会认为这是一次学习的机会。因此，很多时候引导师不要期望让学员分辨清楚引导与培训的差异，引导师要做的就是满足本次工作坊的需求并使学员有所收获。

传统的培训师常用的技能发展方式包括分解练习、案例练习、情景练习、任务练习等，从个体学习维度，又可以分为个人反思学习、借鉴他人学习和收获反馈学习等。有些传统的培训师喜欢用案例练习，因为案例点已经设计好（跟课程内容匹配）且容易标准化复制，而引导师则首选真实问题的研讨来让学员学习和发展技能，也会采用情景练习这种方式让学员经历问题的解决过程从而增强体验。如果本次工作坊的定位更偏重技能发展，则引导师也会采用个体学习的方式，同时更看重集体学习的方式。如果本次工作坊更偏重成果产出，则引导师只需要给予更多时间和空间让学员交流学习和自主学习即可。

3. 在现场氛围方面，培训和引导都要营造安全、轻松开放的场域

在现场氛围方面，培训和引导都要营造安全、轻松开放的场域，这一点几乎不用多说，这不仅是基于成人学习的原理，也是基于马斯洛需求层次理论，但需要特别注意以下两点。

一是，传统的培训师让学员保持开放和空杯的心态的同时注意自己是否也能做到，也就是说需要确定当自己被学员挑战时，原先准备的课程框架和课程内容是否允许被改变和快速调整。这与传统的培训师的经验水平和对内容的研究程度相关。相比而言，引导师在营造开放场域方面更加容易一些，因为少了对内容的控制，更多考验的是能否放弃对流程的控制，同时在时间压力下能否继续创造新的流程以达到发起人渴望的目标。

二是，传统的培训师和引导师喜欢采用分组竞争的方式开展教学活动，这本身是一种激发参与方式。在课程或工作坊的前、中阶段采用分组竞争的方式都是非常有效果的，只是到了后半阶段时，有经验的传统的培训师和引导师不应循规蹈矩，而应打破陈规转移焦点，让学员更多关注学习效果和体验。

4. 在现场管理方面，培训和引导都借助群体动力

大部分个体一旦进入群体的环境中，一般都会习惯性地、自觉地调整自己的行为以适应群体。极少的个体也会因为释放压力和展示自我的需要，推动群体在某些方面做出新的尝试。有经验的传统的培训师和引导师都会注意到这一点，并因势利导。

传统的培训师在现场管理方面，往往通过团队组建、团队分工、团队任务、相互学习、互相反馈和优秀评选等方式借力群体动力，以确保绝大部分学员持续参与并有良好学习体验。引导师在现场管理方面，往往通过圆圈开场、规则共建、转移焦点、变换分组、整体任务和自由选择等方式借力群体动力，以推动群体对话、体验新鲜内容和达到目标。

在面对冲突时，有经验的传统的培训师和引导师都能因势利导，把解决现场的冲突当作一次学习的机会。面对冲突保持开放心态并有耐心，理解冲突背后的需要，在解决冲突时让群体参与进来，并在冲突解决方面达成共识，这

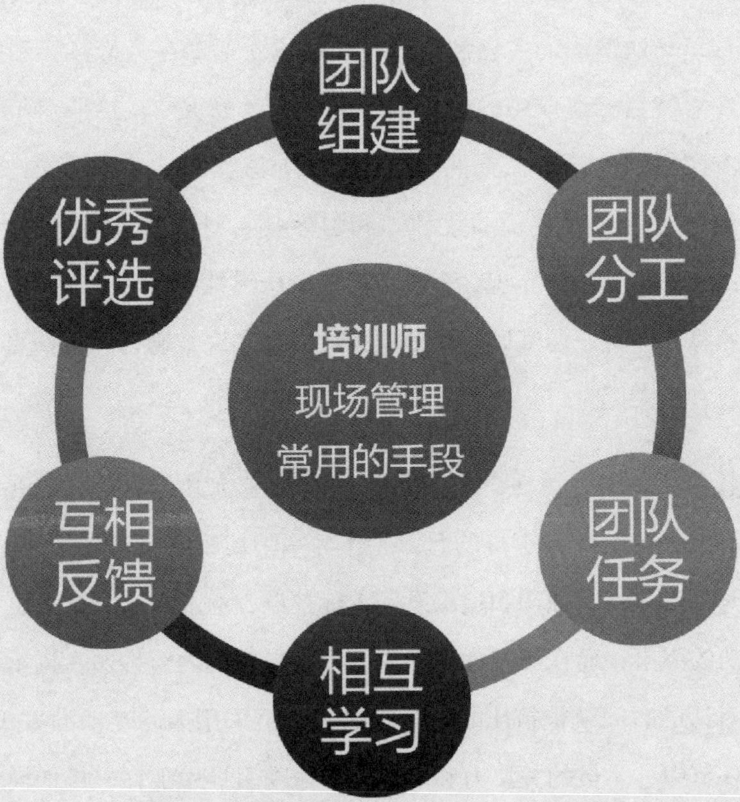
团队
组建
团队
分工
团队
任务
相互
学习
互相
反馈
优秀
评选
培训师
现场管理
常用的手段

是现场管理的艺术所在。

5. 在收益方面，培训与引导都注重发展人际连接

前面已经提到，无论是培训还是引导或者其他活动，人们都希望在人群聚焦的活动中获得认同和友谊。同时，无论是传统的培训师还是引导师都要辨别和区分每一次活动的主旨和定位，明确本次活动中人际连接和团队融合这一需求在整体目标达成中的位置和比重，这至关重要。这一点不仅会影响参加者对本次活动的评价，更重要的是会影响流程设计、活动安排、时间分布、活动氛围，还会对传统的培训师和引导师自身的状态提出要求。例如，对于一场比较严肃的项目复盘会来说，聘请一位感性的、传统的拓展培训师则会有很大风险，而对一场基调轻松的项目成功会来说，聘请一位认真、严肃的引导师则会有很大风险。

相比较而言，引导更注重发展人际连接，这与引导本身追求更大范围的深度对话有关，这与引导本身的起源（作为一种促进学员对话的技术和艺术）有关，同时，引导特别强调和追求发展人际社群，这在一定程度上也是衡量引导是否成功的因素；而在传统的培训中，由于老师的内容传递占据了一定的时间，学员对话的时间就被挤压了，尽管老师也会采用人际互动的方式来教学，但在某一环节中，学员的关注力和焦点无法像在引导中那样轻松切换，而使得学员在人际关系方面的收获并不大。

综上所述，1）工作坊是将培训与引导相融合的最佳方式。在工作坊中，培训和引导都是为了达到终极目标，让发起人满意、让学员满意、让团队得以融合、让组织受益。在工作坊中，引导师（广义）把自己的培训技能迁移进来作为重要的培训手段，同时，用引导流程贯穿培训内容，让学员

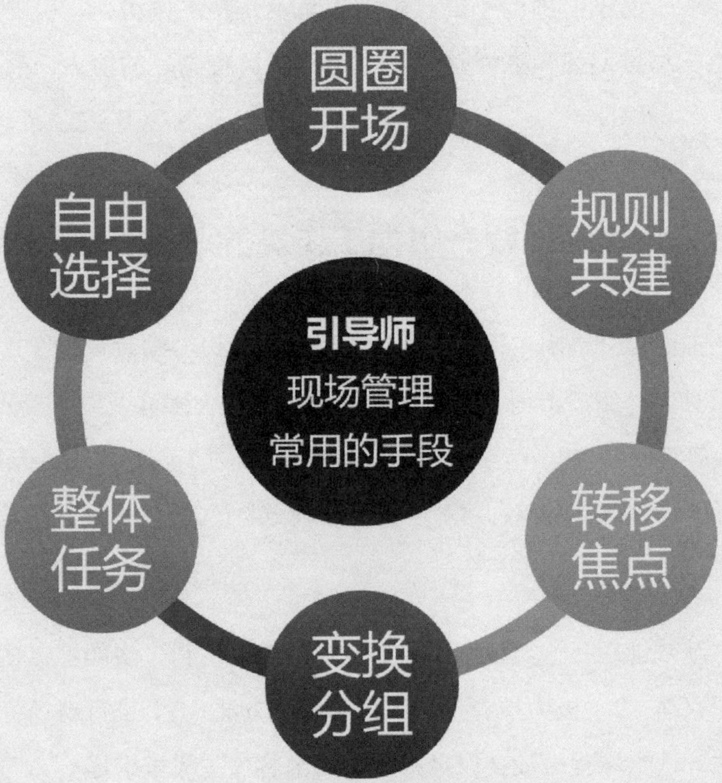
圆圈
开场
规则
共建
转移
焦点
变换
分组
整体
任务
自由
选择
引导师
现场管理
常用的手段

既愿意跟随自己又配合完成自己的引导流程，使自己得以达到“人课合一”的境界。

2）**引导师应储备和发展某些主题内容的培训技能。**尽管引导前可以分析和判断学员的资源状况，但是**在某些项目中，引导师应该服从于学员达到目标的需要，而不是拘泥于自己中立的角色。在工作坊中，引导师可以进行经验分享、总结提炼和点评辅导，以确保学员有充足的动力、能力和资源达到目标。**

4.2 将培训课程升级为工作坊的 3 种方法

将培训课程升级为工作坊有 3 种方法。以下以“绩效管理”这个通用课程为例来做具体介绍。市面上的“绩效管理”课程大多涉及以下要点：1）呈现常见绩效管理问题，2）简要说明绩效管理体系，3）设定绩效目标并制订计划，4）设计绩效考核指标体系，5）设计绩效辅导与反馈，6）设计绩效管理体系的运行保障。

像“绩效管理”这类**技能传授型**课程的设计逻辑大多如下：1）呈现问题，激发学习兴趣；2）极力推荐某种解决问题的方法；3）进行现场练习，使学员掌握方法。这类课程一般会以老师准备的内容为主线来推进。

以上这类传统的技能传授型课程的典型困局有 4 个：1）很难得到立即可用的成果产出，2）所学技能与现实应用之间存在鸿沟，3）学员间的对话和智慧连接被限制，4）学员的个人时间投入与个人收获不成比例。要避免这 4 个典型困局，必须将培训课程升级为工作坊，在工作坊中直面悬而未决的真实问题、鼓励学员现场开展问题研讨、在解决问题的过程中开展学习。以下具体介绍将培训课程升级为工作坊的 3 个实战又简单的升级方法。

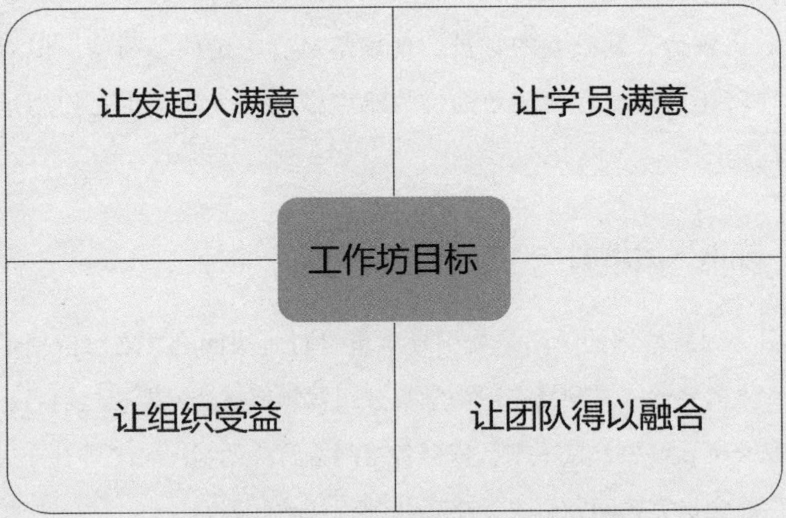
让发起人满意
让学员满意
工作坊目标
让组织受益
让团队得以融合

1. 先培训后引导

先培训后引导的逻辑是，将培训作为内容输入的方式，借力引导效果，使输入的内容与学员的实际工作相结合。此方法可以分为3个步骤来实施：1）老师依次讲解知识点，2）学员依次梳理问题并分析和提出对策，3）学员制订行动计划。这个方法只是传统培训课程的小迭代，一大优势是简单、直接，整体设计还是按照课程内容线来推进的，时间进度和节奏掌控在老师手中，比较适合基础差的学员。现场学员有一定的参与度，但对学员而言，学习转化、制订行动计划的挑战难度依然很大，这也是使用这个方法的最大问题。

2. 先引导后培训

先引导到后培训的逻辑是先引导学员自行解决问题，之后依据学员所缺的内容，做内容输入。现场一般由学员分组认领或挑选问题；之后各组分阶段进行问题分析和解决；接下来，依据各组问题解决的情况，老师补充讲解知识点；最后，学员完善问题解决策略，并制订行动计划。

这个方法使用了提出问题、分析问题、解决问题、行动计划的流程，相比于第1个方法，引导的比重加大，学员的群体智慧被激发，同时对老师的现场内容输入和点评提出了更高的一个挑战，比较适合基础比较好的学员。

先培训后引导、先引导后培训这两个方法的典型优势是：阶段清楚，方便不同的老师扮演不同的角色，或者同一老师分场景扮演角色。典型问题是：将引导跟培训割裂开来了，虽然从逻辑上来说很完美，但实际上因学员掌握知识的间隔时间过长，学员解决问题的便易性改善并不明显。

3. 边引导边培训

边引导边培训这个方法的逻辑是边解决问题边输入内容，依据学员解决问题的需要，选择恰当的时机做内容输入。例如，现场学员可以先分组认领绩效管理问题，开展初步的问题分析和对策研讨；接下来，老师根据需要做针对性的补充输入；最后，学员完善策略，制订行动计划。

在这个方法中，学员成为解决问题的主体，老师退位为学员解决绩效管理难题的资源支持者，学员在现场更容易得到可以使用的成果。虽然学员的教材依然是传统的标准课件，但是上课时不再按照内容的一条线来推进，而是按现场学员的问题解决和内容推进两条线并行推进的。这个方法对老师的内容储备提出了一定的要求（有满足学员好奇心的可供随时调用的课程内容），同时要求老师具备一定的引导能力，并能在引导和培训两种状态下自如切换。

4.3 如何将模型工具类课程升级为工作坊

我自己也有很多关于经典模型工具类课程学习的经历，刚开始时，这些课程中的案例、视频、讲解和练习的课程设计还是不错的，但上多了这类课程，如果再让我去听一个老师正儿八经地介绍所谓经典的模型工具和方法时，我是坚持不下来的。另外，有些经典存在落地难的问题。因此，缺乏了参与与连接的传统讲授方法和课程设计、缺乏了成果产出和不触碰真实问题的工具类课程越来越无法吸引 90 后的小伙伴们参加和投入了，需要升级为工作坊。

在介绍如何将模型工具类课程升级为工作坊前，需要先介绍以下 5 点内容。

第一，虽然模型工具来源于对生活实践的提炼，但仍然要接受现实的考验。

第二，在场景中可以检验模型工具的效果，所以场景化是模型工具类流程的有效课程设计之一。

第三，场景化可以解决模型工具类课程中模型工具与学习者相连接的问题。

第四，学员的真实场景可以增强学习体验，尤其当场景任务对学习者来说重要且紧急时。

第五，若学习场景与工作场景直接相联系，则学习者的参与意愿和学习兴趣更加强烈。

基于以上 5 点，将**模型工具类课程升级为工作坊可以采取 3 步走策略。**

第 1 步，开场时，让学员选出与主题和目标相关的主要应用场景，并始终呈现在现场。需要注意：选择现场学员的真实场景，选择与工具强相关的案例，深入了解案例的复杂度和挑战度，在技能要求上必须包含一定挑战度或更高挑战度，要清楚学员应对挑战性任务（解题）的预计时间。

一旦应用场景被选择出来，现场就会有 3 条线在运行：一是老师根据场景演绎提前准备的内容和流程，过程中再根据现场学员的场景需要进行调整，确保匹配；二是学员在边学习的过程中也会思考如何运用所学习的内容解决应用场景中的问题；三是学员之间也会潜移默化地交流应用所学或者过往解决问题的经验。

第 2 步，老师给出模型工具的框架、结构，让学员共创具体内容。这样可以使学员参与课程内容的建构，有助于激发学员的好奇心，让学员按照自己的习惯和需要设计课程内容会让学习变得有趣和持续。

第 3 步，集体应用所学，面对开场时提出来的应用场景，得到具体可用的产出。这一步有 3 种做法，可以单独使用或组合使用：一是给出场景化、个性化、简易化的解决方案；二是给出修改后的解决方案；三是给出落地实施计划与行动承诺。

培训人员在设计工作坊时，可以直接按照以上 3 个步骤来设计，在此基础上根据自己需要做调整。在将培训课程升级为工作坊后，培训人员现场的工作应做出以下 5 个方面的调整。

第一，在学员选出应用场景后，选择比较适合模型的工具，并依据群体学习的习惯和规律，判断场景练习的难易度和先后顺序。

第二，在学员实战练习激活旧知环节，记录学员的学习表现，参照教授的模型工具，提出有质量的问题，让学员回顾反思自己和他人的做法，进而了解过往做法与使用新模型工具做法的差异。

第三，当学员对模型工具的理解存在偏差和分歧时，能够引导学员之间对话和使学员做深入思考，使学员进一步掌握模型工具的使用。

第四，当实战练习后，依据模型工具要求，进行恰当的行为点评，或者有选择、有针对性地补充分享模型工具的关键使用内容。

第五，当现场需要再次做应用练习时，针对模型工具的关键操作注意事项给予学员必要的提醒和提问，以增强其应用信心。

4.4 如何将培训需求转化为工作坊需求

有些年轻的、传统的培训师收到客户需求后，会习惯性地在自己已有的课程中进行选择，以期可以和客户的需求相匹配，而不是先考虑客户的需求是否恰当、是否需要调整和升级。虽然有些客户需求是可以和自己的已有课程快速匹配的，但如果以后要服务于更优质和更成熟的客户，仅有匹配课程就远远不够了。

成熟的、传统的培训师和引导师在收到需求后，不仅会试着探询需求背后更多的信息，还会试着影响客户的期望，甚至可以试着将客户的培训需求转化为真正的工作坊需求，尤其当客户对引导的认识不多时。

转化后有显著的 3 点好处：1）对于业务部门来说，可以支持客户拉近培训与业务的关系，而不仅停留在团队建设和人才发展层面；2）对于培训部门来说，让“培训”更加容易被衡量，避免将培训停留在一级评估和二级评估上；3）对老师来说，培训成功与否的衡量标志更加清晰和聚焦，从而避免了培训设计时找不到抓手的担心和培训现场无法让学员进入场景的尴尬。

如何将培训需求转化为工作坊需求呢？有以下 3 个步骤。

1. 筛选需求，确定可以通过场景应用解决的需求

收到客户的需求时，先问 3 个问题：接受培训的对象是谁？大概有多少人？学习后的应用场景是什么？根据回答，筛选出可以通过场景应用解决的需求。

2. 深入沟通，确定应用场景

与客户深入沟通可以通过场景应用解决的需求，并且让客户通过梳理这

些场景应用以确定自己的应用场景。

3. 澄清需求，确认培训设计形式

在客户厘清自己的应用场景后，需要帮助客户清晰他们的真正需求，并与之确认使用工作坊形式满足其需求。

4.5 工作坊设计的注意事项

1）聚焦于焦点目标，确保达到体验目标，使内容高效地服务于目标成果，避免内容多、浅、全。

2）内容不仅要遵循简单到复杂、容易到困难的顺序，还要注意工作坊中应用场景获得的成果顺序。如果工作坊流程与应用场景获得的成果的流程顺序相似，则学员为获得成果所花费的时间会少，从而减少工作坊中同时推进焦点目标、内容目标和体验目标达成的时间压力。

3）工作坊开始时，就告诉学员工作坊的焦点目标产出和成果产出要求，激发学员积极参与和完成任务的责任感，并且不断提醒学员工具的应用场景要求。

4）在工作坊的前半部分中，采取先培训后引导的课程设计思路，而在工作坊的后半部分留足学员得到成果的时间，并提供让学员更容易应用和得到成果的流程框架和工具表格。

4.6 工作坊开始前设定客户的明确成果

从整体上来说，可以将工作坊的成果分为明确的和不明确的两种类型。

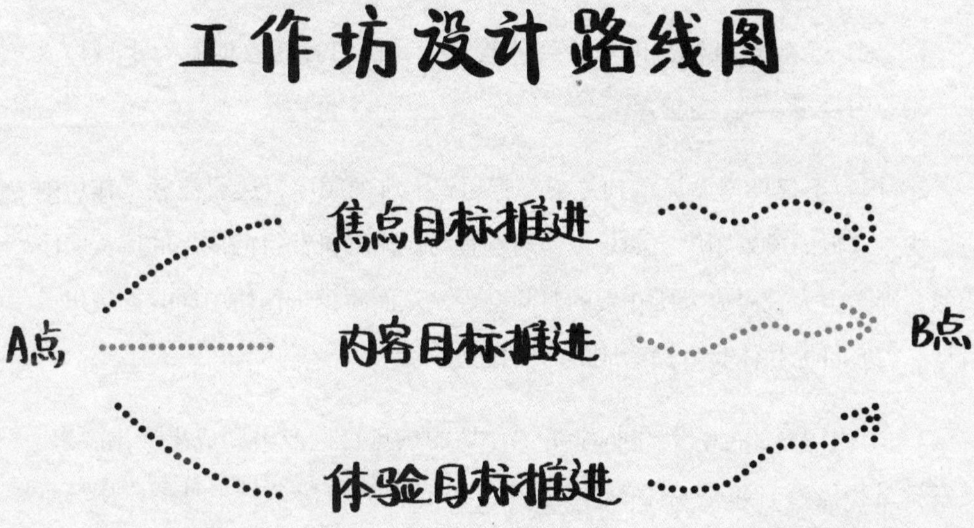
工作坊设计路线图
焦点目标推进
A点
内容目标推进
B点
体验目标推进

当成果是具体的文本时，工作坊的设计挑战不大，此时的关键就是要把期望的成果详细地描述出来（更多考虑设计工作坊的前因后果和成果的应用场景）。如果期望的成果越清晰则工作坊举办的成功概率越大，工作坊的流程也更容易设计。

但是有时，客户一开始也不清晰自己想要的成果具体是什么，这时工作坊设计者就需要对此进行不断的探询。此时，要避免设计者的想当然和自以为是，也不应该为了获得业务而盲目揣测，甚至直接给客户出选择题，这都是不合适的。探询和澄清成果的过程有时会比较漫长，设计者还需要有一定的耐心，等到客户清晰自己最重要、最紧急的需求和想要的成果后，工作坊的举办才有价值和意义。

在帮助客户明确成果的过程中，引导师可以从以下 3 个维度出发，与客户一同厘清真正所想要的成果。

1. 维度 1：工作坊中重要利益关者的诉求

例如，有的工作坊是高层领导提出的，旨在支持某个业务部门改善绩效，之后把这个工作坊交给企业大学来负责。企业大学的某位项目经理具体负责这个工作坊的实施。此时，设计工作坊的成果时，就需要综合考虑各方的利益诉求，并把握住最关键的。工作坊设计者可以问自己一些问题：哪个成果出来后，高层领导和业务部门的参与学员都可以满意？哪个成果出不来，高层领导和业务部门的参与学员就会觉得工作坊失败了？或者成果的哪个部分是最关键的？

2. 维度 2：工作坊成果的后续应用场景

在了解应用场景的过程中，不能只停留在如企业文化宣传推广方式或部门工作推进方式等方面，设计者需要清楚了解企业文化宣传推广的整体方案、最近一次的重要宣传活动的规模、面向哪些受众对象、借助什么载体、成果在哪些场合下出现和发挥作用、什么人会负责使用成果等。关于这些内容的确认，需要设计者不断地探询，当客户还不清楚时，需要帮助客户一起来弄清楚。

3. 维度 3：平衡现场产出成果的压力和可能性

如果工作坊设计者在某类主题工作坊设计与引导方面具有一定的经验，就可以依据经验和客户的情况对工作坊的成果做出一定的判断。我常用建议、策略、方案、行动计划这 4 个词语来界定工作坊成果的标尺，帮助客户厘清想要的成果。并不是所有工作坊就一定能使客户获得行动计划，即使客户一开始提出了这个诉求，设计者还要依据自己的经验和判断，与客户商议获得这个成果的可操作性和可能性。

在工作坊开始前就与客户一起厘清想要的成果不仅是职业引导师的职业习惯，更是确保工作坊举办成功的前提和基础。优秀的工作坊引导师必须开放包容，不把自己的专业变成阻挡他人参与的盾牌，而是擅长将客户纳入工作坊设计团队中，更懂得如何发挥客户和引导师的力量，让各类力量在工作坊中通畅地运转和有序地碰撞融合，最终会得到比预期更棒的成果。

【老林分享】引导师如何教授“世界咖啡”

1. 传统的培训师这样教授“世界咖啡”

首先，传统的培训师需要对“世界咖啡”的“Why－How－What”非常熟悉，这是培训的前提和基础。

其次，准备课前案例、“世界咖啡”的在线课程和资料，使学员提前了解基础内容，或者让学员先做知识测试……

在培训现场，一位好的、传统的培训师大多会按照总分总的策略，先介绍课程框架设计和课程所涉及的知识点，给学员一个整体的课程认识。之后，按照五星教学法或库伯学习圈等经典培训流程，让学员感受没有使用“世界咖啡”的痛点和差距等，以激发学员的学习兴趣，或者直接让学员体验“世界咖啡”，之后回顾“世界咖啡”的流程，再针对操作注意事项进行互动答疑，然后，再针对“世界咖啡”3轮问题的设计规律开展总结完善，最后让学员开展设计练习。

如果可以，甚至会选择某个话题，让学员在现场展示如何带领大家使用“世界咖啡”，之后让学员对此再总结好的地方和需要改进的地方……最后，让学员做出后续行动计划……之后，在微信群，针对学员的应用疑问等不定期地进行回应和辅导支持……

2. 引导师这样讲授“世界咖啡”

首先，引导师收到讲授“世界咖啡”这个需求后，需要了解客户对此次的学习对象、焦点目标和学习后的应用场景是否清晰。其中，应用场景是指学员现场学习了课程内容后，最近一次或经常会在哪些真实的工作场景中应用课堂上的内容。只有在清楚应用场景之后，引导师才会根据自己对引导工具应用场景和条件的了解，推荐客户学习某个引导工具和方法。

之前，我收到过客户明确提出要学习“世界咖啡”这个引导工具方法的需求，而在我进一步探询之后了解到，作为学员的管理者的确需要引导工具和方法以改进日常的研讨会，但是大多数管理者工作会议面对的人数不足12人，根本不符合“世界咖啡”对人数的要求。这时怎么办呢？引导师要满足客户需求背后的需求，要让本次培训真正服务于业务需求，就必须跟客户协商培训的内容。当然，引导师可以尝试让“世界咖啡”成为现场的教学方式，以满足体验引导式会议等的需求。

其次，引导师依据应用场景中学员的实际需求来重新安排课程内容。要做到这点是不容易的，需要引导师变为支持团队的综合角色，不仅要做提供方法工具的赋能者，把一个小白变为熟手，更要帮助学员规划设计应用引导工具方法的路线和流程，甚至还要给学员准备辅助资料……

最后，要完成从培训课程到工作坊的转变，引导师不仅要引导客户和学员看到他们真正的应用和学习的需求，达成共识。

在工作坊现场，引导师还要面临以下三重压力。

一是时间调整的压力。在整体时间几乎没有太多增加的情况下，为了学员能够真正掌握所学内容并能应用，现场引导的部分就必须增强。例如，之前完成练习环节就可以结束了，现在还要让学员结合应用场景进行实战设计。

二是内容调整的压力。不仅是内容的缩减，更多的是要将内容变得更容易理解和转化应用，同时还不能让引导工具方法变味，要确保其实战效果依然很棒。

三是带领学员预演应用场景的压力。在时间、学员体验、习得压力之下，引导师还要让学员能够进入未来的应用场景中。如果考虑不周到，就会让部分习惯了接受培训的学员猝不及防，这不仅考验工作坊流程细节的安排，也考验老师的工作坊经验和个人成熟度。

将培训课程转化为工作坊，看似简单，实则需要引导师付出太多，但只有这样，才能让学员在现场更容易学会、在课程或工作坊结束后更容易转化应用。在工作坊中，引导师的工作在学员完成第一次应用后才算结束，也只有这样，才能回归培训的初衷、引导的本质和工作坊的初心。

4.7 将培训需求转化为工作坊需求的操作提醒

将培训课程转为工作坊后，工作坊的核心价值和定位也凸显出来了，工作坊设计者和引导师所需要承担的任务必须跟着做3个调整，以迎接更大、更复杂的挑战。

1.（工作坊开始前）设计并预演工作坊结束后的应用场景

工作坊不仅直面真实的问题挑战，更把应用场景提前展示在现场，这要求工作坊设计者必须清晰了解工作坊结束后的应用场景。工作坊设计者和引导师不仅要知道课程内容在应用场景发挥作用的场景，也应该了解学员将课程内容展示出来的过程和挑战。工作坊设计者最好能够主导/参与设计出应用场景现场的流程，并提前预演一遍，将学员的应用场景所需要的资源准备好，并最终形成课程内容和要示范的引导流程，让学员更轻松和容易地体验将来的工作坊流程，并看到所需要的课程内容。

2.（工作坊进行中）让学员清晰工作坊流程和内容安排关系

当学员都清楚了本次工作坊内容的应用场景和自己所需要承担的任务后，工作坊引导师要清楚地给学员描述本次工作坊的流程设计和内容设计，并告知学员流程设计与内容设计的关系，从而让学员在学习内容之前了解所学内容与未来应用场景的关系，避免出现学员既担心未来的流程设计，又担心未来流程涉及的学习内容的情况。

工作坊设计者可以选择“先培训后引导”的思路，也可以选择“先引导后培训”的思路，甚至可以通过提前了解学员学习的喜好来定制工作坊。选择“先培训后引导”的思路时，工作坊引导师要根据时间规划和学员的水平，给出未来应用场景中工作坊内容如何组合使用的指导意见，避免出现仅做引导不做指导和辅导的情况。选择“先引导后培训”的思路时，工作坊引导师不仅要能够简化所学内容的难度，让学员在学习和练习的过程中找到应用的自信心，更应努力将未来应用场景的流程逻辑标准化，以让学员都能够相互支持。

3.（工作坊结束后）努力提供学员真实应用时所需要的一切支持

培训课程一旦转化为工作坊，就意味着工作坊引导师的任务不能在工作坊结束时就结束了，而应该尽心尽力地帮助学员做好应用工作。对于学员来说，学习完工作坊内容之后马上应用的挑战远远超过想象，不仅因有些学员的理解能力和转化能力参差不齐，还因为学员往往需要超过工作坊所涉及技能的综合技能和很难培养的胆识。

在提供支持的范围里面，不仅包括了应用场景的流程设计模板、工具操作注意提醒、物料清单，还包括简化的操作注意。有时，从工作坊结束到真实应用还有一段时间，在学员真实应用的前一两天，工作坊引导师应该抽出时间，助力学员克服最后的困难。在学员应用过程中给予支持，在应用结束后给予反馈和鼓励，这也是职业引导师所需要具备的素质。

面对越来越多的客户希望学习引导并渴望应用的需求，职业引导师不应该仅是一位引导技术的示范者，也应是一位催化师和赋能者，更应该作为一位引路人，给予学员提供服务和支持。

【老林分享】半天战略分解工作坊设计案例

某互联网客户的需求是针对约20位的人力资源业务伙伴，进行半天的战略分解培训。原因是集团公司明确了总的战略，各业务线负责人需要依据总的战略要求明确自己的产品业务战略。之前，各业务线负责人会直接给出自己的产品业务战略，而这样做无法确保各业务线负责人达成共识，并会影响后续具体工作的推进。由此，邀请我去给他们开展一场关于战略分解的培训。同时，我还了解到，这些需要培训的人之前并没有接受过引导技术的培训。

假如你面对这个需求，你会怎么设计工作坊呢？

引导式工作坊要求引导师直面学员的应用场景，这就要求引导师根据学员的应用场景确定工作坊需要的内容、工作坊中的引导工作，以确保学员既可以学到在后续应用场景中必需的工具和方法，又可以因能得到真实可用的成果而更加自信。以下将分享这次工作坊的设计方案的主体部分。

1. 焦点目标

1）形成战略分解工作坊的引导流程，明确实战、可复制的引导方法。

2）体验战略分解工作坊的标准引导流程，体验学习其中的核心工具和方法。

3）努力确保学员能够按照基本流程，举办后续的战略分解工作坊，在后续的工作坊现场能够引导得出战略目标推进计划，包含3～5项战略主题任务，并努力使学员对推进计划和完成战略主题任务达成共识。

2. 核心流程

1）结合工作坊的应用场景，引导师现场示范标准化的共创式战略分解的引导流程，让现场学员体验完整的引导过程。

时间：90分钟左右。

2）回顾学习引导过程的设计逻辑，以及所使用的引导工具和方法，确保学员清晰战略共识达成的原理、过程和工具流程。

时间：40分钟左右。

3）结合标准化的流程，引导学员结合各自的实际需求，开展个性化的研讨流程设计，确保学员工作坊结束后得到可立即使用的成果。

时间：40分钟左右。

4）工作坊结束后，为学员提供引导工具在线课程和战略分解工作坊实施的远程支持，努力确保学员有真正收益。

注意：在工作坊开始前，设有入场调查、工作坊发起人讲话、引导师入场、人际连接活动、介绍工作坊流程和共建参与规则等标准开场环节。

3. 标准化的共创式战略分解流程

依据给定的半天时间和焦点目标，从实战、容易复制的角度出发，本次工作坊对共创式战略分解流程进行了精简和压缩。

引导师在现场会快速示范共创式战略分解的标准流程，以让学员对共创式战略分解和引导达成共识的过程有深刻的体验，并提供标准流程的模板给学员，以供他们进行个性化调整设计。

标准化的共创式战略分解的4个核心步骤如下。

1）集团公司战略目标解析与研讨。

流程简介：业务线总负责人介绍集团公司的战略目标，各业务线负责人或人力资源业务伙伴组织学员（依据人数分组）通过结构化的提问开展研讨，努力让学员在总战略与业务战略之间构建连接。

工具方法："焦点讨论法"或"世界咖啡"。

时间：60分钟左右。

2）业务战略目标达成状态畅想。

流程简介：各业务线负责人或人力资源业务伙伴带领学员（依据人数分组）对本业务单元的战略目标进行畅想和展望，形成愿景目标画像，各业务线负责人现场总结和提炼团队的战略目标。

工具方法："愿景拼图"。

时间：40分钟左右。

3）业务资源现状梳理与策略分析。

流程简介：各业务线负责人或人力资源业务伙伴带领学员（依据人数分组）对业务线的优势、劣势、机会与风险进行头脑风暴，形成业务线的发展策略（各业务线负责人进行收敛和决议）。

工具方法："SWOT分析""发散—震荡—收敛"。

时间：50分钟左右。

4）共创业务线核心战略主题任务。

流程简介：各业务线负责人或人力资源业务伙伴带领学员（依据人数分组）共创确定战略目标的主题任务，带领学员收敛成年度3～5项主题任务，并依据时间决定是否细化这些主题任务。

工具方法："团队共创""甘特图"。

时间：60分钟左右。

4.8 设计工作坊的 4 个常见误区和凌波 5 步——工作坊设计的通用流程

刚学引导的培训人员在设计工作坊时常有以下 4 个误区。

一是无视客户需求、堆砌引导工具。初级的工作坊设计者的错误在于从自己擅长的工具出发，而不是将客户需求作为原点。由此，在设计方案中陈列了一堆引导工具，企图显示自己的专业性，结果却让人看不到逻辑性。

二是假装重视个性化需求，僵化套用常见的流程。工作坊设计是有流程的，但是依靠流程也是有风险的。如有的设计者在用过一个流程后发现很成功，则很容易直接复制到下一次的工作坊中，岂不知客户的需求、学员的差异、工作坊目标成果等任何一个小的因素变化都会增加工作坊失败的风险。

三是流程设置过多过细，用流程约束学员。有的设计者不熟悉每个流程实际所需要的时间，或者为了准备得更加细致，居然将流程表细致到每 5 分钟要干什么。如果真要这样实施，引导师很容易为了赶流程，而忽略了现场的实际进度和学员的感受。

四是各流程时间安排不合理，多余环节消耗学员能量。有的一天工作坊的流程超过了 10 项，而且花样繁多，恨不得挨个让学员体验完，岂不知很容易指令不清晰，并容易让学员疲惫。

针对设计工作坊的 4 个常见误区，结合我的实践，我在 2016 年开发了凌波 5 步这一工作坊设计的通用流程和工具，它是传统课程设计流程的升级版，也适于市面上绝大多数的工作坊的流程设计，更是分析问题和解决问题的通用模式。凌波 5 步分为 5 个步骤：第 1 步是确定主题和焦点目标，第 2 步是筛选与主题和焦点目标相关的关键议题，第 3 步是参照体验目标确定关键议题顺序，第 4 步是确定各议题 / 流程的时间安排，第 5 步是依据时间和引导工具的应用场景匹配对应的引导活动。

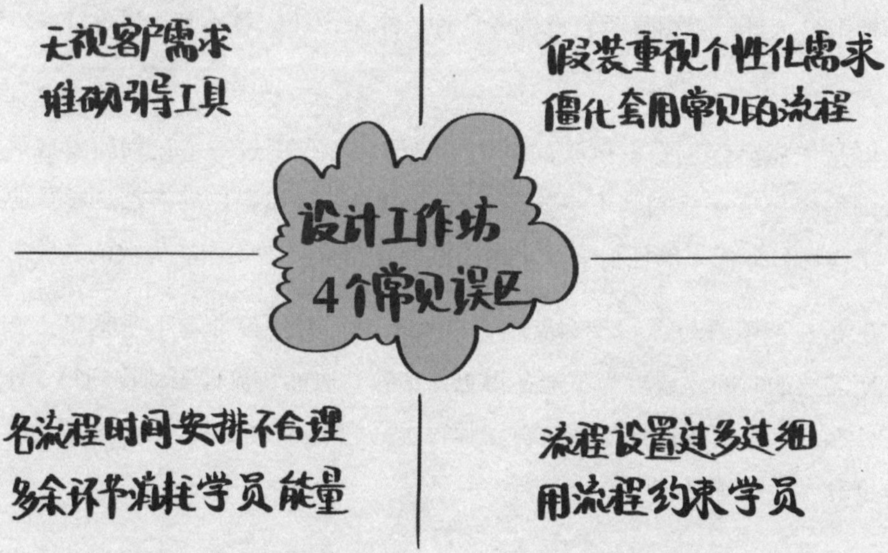
无视客户需求
堆砌引导工具
假装重视个性化需求
僵化套用常见的流程
设计工作坊
4个常见误区
各流程时间安排不合理
多余环节消耗学员能量
流程设置过多过细
用流程约束学员

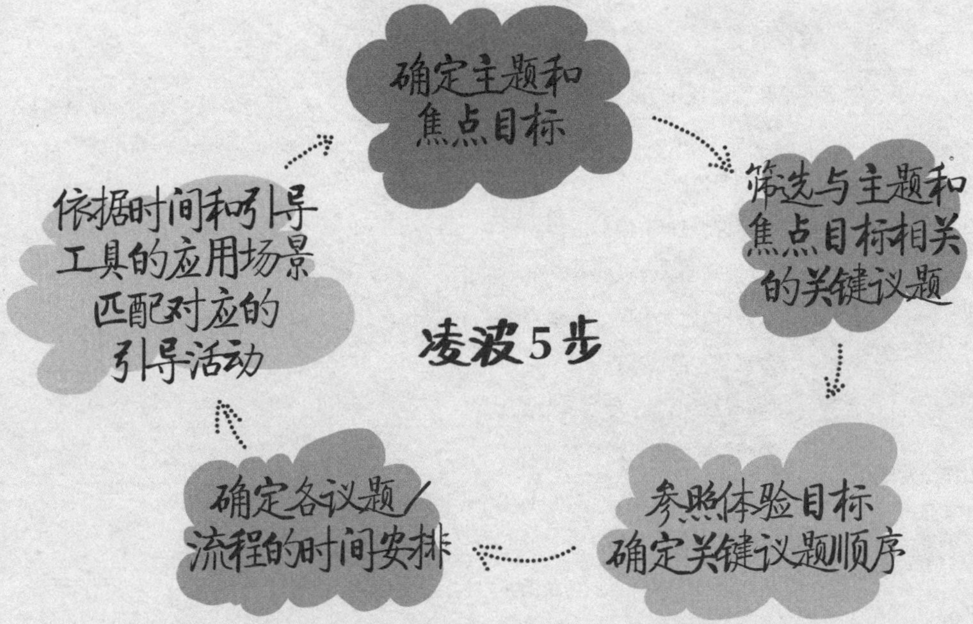
确定主题和
焦点目标
筛选与主题和
焦点目标相关
的关键议题
参照体验目标
确定关键议题顺序
确定各议题/
流程的时间安排
依据时间和引导
工具的应用场景
匹配对应的
引导活动
凌波5步

案例：运用凌波 5 步设计工作坊

1. 填写工作坊需求确认表

在运用凌波 5 步设计工作坊时，需要先填写工作坊需求确认表。工作坊需求确认表填写示例如表 4-1 所示。

表 4-1 工作坊需求确认表填写示例

经发起人确认的主题	让管理者开好研讨会
	支撑主题的关键议题或议程（主题之下有哪些议题必须探讨）： 1. 引导技术 2. 部门目标分解 3. 提高团队会议的有效性 4. 开始建立引导型思维，尝试如何在各种场合运用引导型领导力
工作坊发起人（公司）	公司盈利模式：提供外包服务 所在行业位置：行业领先者 公司发展阶段：成长期 公司的战略定位与目标：从服务提供者战略转型为方案提供商 公司面临的主要问题： 从客户角度出发，如何帮助客户找到更好的解决方案 从成本角度出发，如何调动员工的能动性以降低运营成本
工作坊发起人（岗位）	岗位角色：业务部门副总裁 面临的工作难题：转换从原来小部分人做决定的工作模式，需要从上到下群策群力地找到更好的解决方案 之前做过何尝试：头脑风暴等 对本次工作坊的担心：无。大家都很期待
工作坊焦点目标（关注发起人）	发起人期望本次工作坊有哪些关键成果和显著效果： 1. 现场成果，即部门目标分解的流程 2. 前后显著变化，即使用会议引导技能激发参与、达成共识、化解冲突 3. 衡量本次工作坊举办成功的关键标志是现场学员的参与度高、工作坊结束后两个月内学员的工具使用频率高

（续表）

工作坊焦点目标 （关注发起人）	发起人期望工作坊现场会有什么样的场景画面：大家都乐于分享如何将工具运用到以前的工作场景中
	发起人打算如何应用本次工作坊的成果：在近期各部门的目标分解会中使用
工作坊的体验目标 （关注学员）	占主体的学员对工作坊的态度和期望分别是：获得新技能、新工具和新理念
	学员会更看重成果输出、技能增进还是轻松体验：都包括
	本次工作坊结束后，学员会在哪些具体工作场景应用成果：除在近期各部门的目标分解会中使用外，还会在团队内部会议、跨部门项目会议中使用
学员	学员组成、人数、年龄及性别比例：总数20人；一半来自业务部门的高级经理，另一半来自其他非业务部门团队或项目负责人，每人有20名下属 团队发展阶段：规范期和执行期 团队文化或风格：团队执行力强
工作坊时机与时间	年底
工作坊地点及会场情况	公司会议教室（标准会议室）

2. 凌波 5 步的具体应用

对于让管理者开好研讨会这个主题，我在“Workshop 工作坊设计©”公开课上与现场学员一起运用凌波 5 步共创过。

凌波 5 步可以提醒引导师在面对工作坊时，需要自己先理解工作坊的主题领域，摸清主题领域的核心概念、得到目标效果的关键策略步骤，以及需要准备的核心问题或内容输入。

例如，当要举办与企业文化共创、共识相关的工作坊时，引导师就必须首先明确如何正确理解企业文化、企业文化有哪些来源、企业文化包含几个核心组成、如何确定一个组织的企业文化、企业文化的成果呈现是什么样子的、建设的企业文化后续如何应用等，如果回答不了这些问题，则工作坊设计就几乎无从谈起。

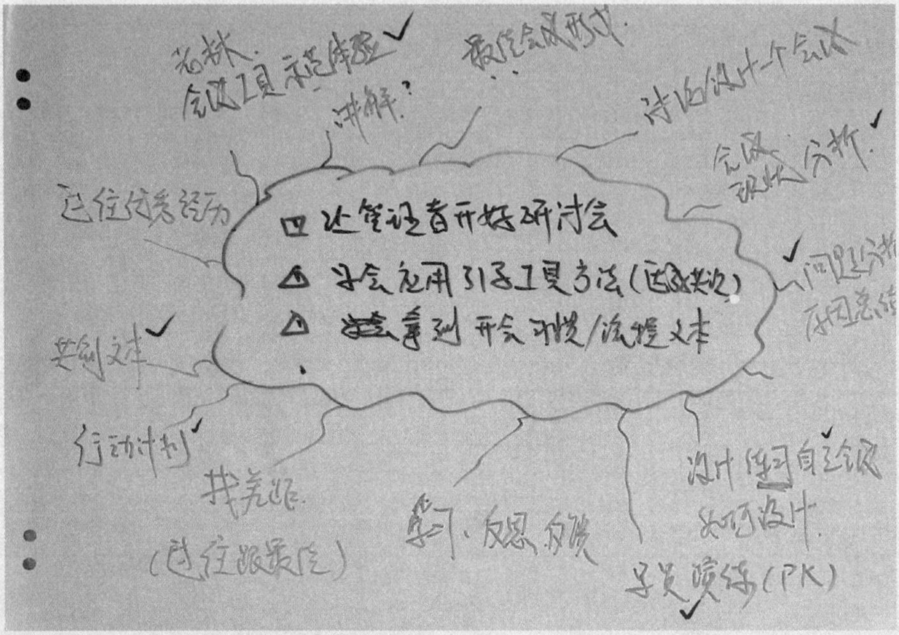
讲解？
行动计划
学员演练(PK)

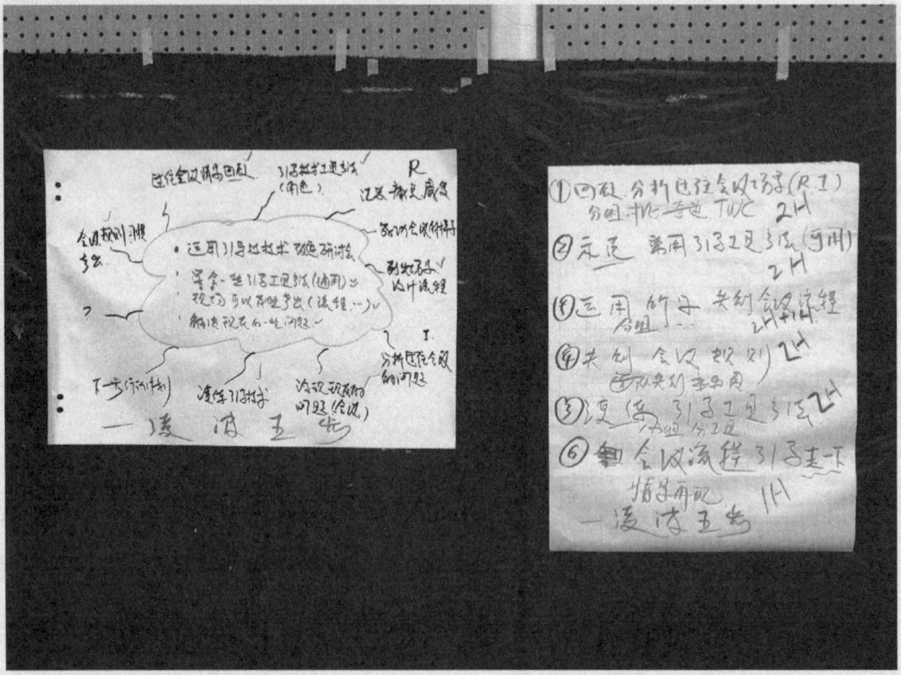

依据主题和目标选择关键议题是凌波 5 步的关键一步，这不仅考验引导师对主题的积淀，对得到目标成果的经验，也考验引导师对培训全流程和引导全过程的认识和理解，还考验引导师是否清楚学员掌握技能的全过程，更是考验引导师对如何让学员更轻松、容易地得到成果的换位思考能力。

以下是我最终提交给客户的方案的主体部分。

FMFW 让管理者开好研讨会© (Facilitate Managers to Facilitate Workshops, FMFW) 课程，旨在通过提升管理者的会议设计和会议引导技能，来改进部门及团队研讨交流的质量 (参与度、责任感、产出质量、共识度)，进而改善团队绩效、激活团队。在内容上，它区别于传统的会议管理类课程，是行动学习、引导技术、工作坊技术和引导式领导力在组织会议场景上的落地应用。在授课形式上，它杜绝传统的干讲和说教，采用工作坊和库伯学习圈相结合的形式 (边体验边学习、边讲授边练习、边应用边提升技能)，确保团队管理者现场体验高质量的会议引导的过程、看到问题逐渐解决的过程、得到实际可用且高共识度的成果，并逐渐地习得共创共识技能。

对于学习要点的设计，不仅基于引导师关于管理者如何开好研讨会这个主题的准备和积淀，还源于学员参加本次工作坊的现场成果产出和应用场景，同时还要考虑现场成果产出的复杂度、难易程度，以及兼顾多数人的应用场景和学习掌握程度。整体上，因为要让学员现场学会并能得到成果，学习要点不宜过多和复杂。

对于学习流程的设计，可以按照先培训后引导的大思路，参照五星教学法、库伯学习圈安排工作坊的部分流程。例如，引导师在介绍新的会议研讨工具和方法之前，先让学员借助群体智慧重新考虑之前会议中的问题，以激活

FMFW让管理者开好研讨会©

Facilitate Managers to Facilitate Workshops

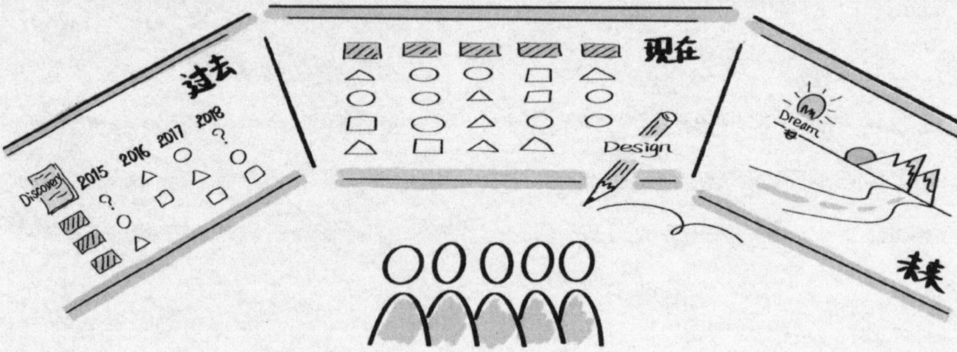

旧知并让学员与主题目标构建连接，同时这个过程也是体验引导工具方法的过程。引导师要带领学员体验现场产出的标准成果（结合应用场景提前设计的），之后让学员回顾学习流程并练习使用其中的工具，然后再考虑如何将体验的流程工具方法应用到自己的工作中。

综合3年来的应用实践和学员们的反馈，可以发现凌波5步具有4个典型的价值和特征：一是打通了需求—目标—流程—工具的逻辑，一下子把客户需求和目标提到了引导工具和流程的前面，从而激发了学习者的关注焦点和注意力，让引导变得更追求实战，也让引导进入了广阔的现实应用场景中；二是将工作坊流程与目标设定紧密联系在一起，使流程设计服务于主题和焦点目标、流程顺序满足于体验目标的需求；三是引导师可以轻松提交专业的设计方案（包含了目标—流程—工具—时间），并在现场实施流程和调整流程时更有底气了，有助于增强成功举办工作坊的信心；四是凌波5步的通用性强、追求实战、兼容绝大多数的流程工具，而且作为框架和流程并不复杂和难理解。

FMFW两天主要学习安排

时间		关键日程	参会者	工具方法
第一天	上午	确认主持人使命 研讨会议改进策略	群策群力 体验引导	分解拼图 世界咖啡
	下午	回顾学习世界咖啡 示范会议规则共创	合作学习 学习共创	视觉表达 团队共创
第二天	上午	分组练习团队共创 回顾学习焦点讨论	练习共创 增进技能	分解练习 焦点讨论
	下午	设计近期会议流程 会议引导情景演练	运用所学 精进技能	麦波5步 情景剧场

【延伸分享】FMFW 5 式

如果换一个维度看“FMFW 让管理者开好研讨会©”这个课程，就会发现其教学设计似乎有一定的普遍适用性。我将背后的设计和思考进行了进一步萃取和提炼，总结出了 FMFW 5 式，以帮助你设计类似的既需要现场发展技能（学习工具）又需要有现场成果的课程（“引导 + 培训”型工作坊）。

FMFW 第 1 式：引导学员研讨如何面对当前的问题。这样做的价值不仅有助于激活群体的旧知，让学员对后面的内容学习更有准备，也有助于引导师了解学员目前对问题的认识和理解，更有助于借助群体智慧对过往解决问题的方案进行完善。这个过程，也是引导师引导学员构建与主题目标相连接的过程。

FMFW 第 2 式：结合应用场景示范问题推进的流程。这样做的价值不仅能够让学员看到问题解决的更佳策略方式，也在示范过程中，为新的学习要点输入做好了铺垫，更为学员在工作坊结束后直接应用问题解决的流程和工具做好了准备。这个过程，考验的是引导师对主题内容的课前准备和示范的功力，也避免了有人会说：“这个老师光引导我们，并没有给我们带来新的东西。”

FMFW 第 3 式：学员演练问题解决过程中的核心工具。这样做的价值在于让学员在看到老师示范后，尝试着去复制相关的技能，也是一个消化吸收新知的过程，同时，也进一步扫清工作坊结束后学员复制应用的障碍。这个过程，引导师要根据学员的能力基础、现场人数和时间等，选择合适的工具，并给予工具演练反馈表，确保学员能够清楚自己的行为与规范动作之间的差异。

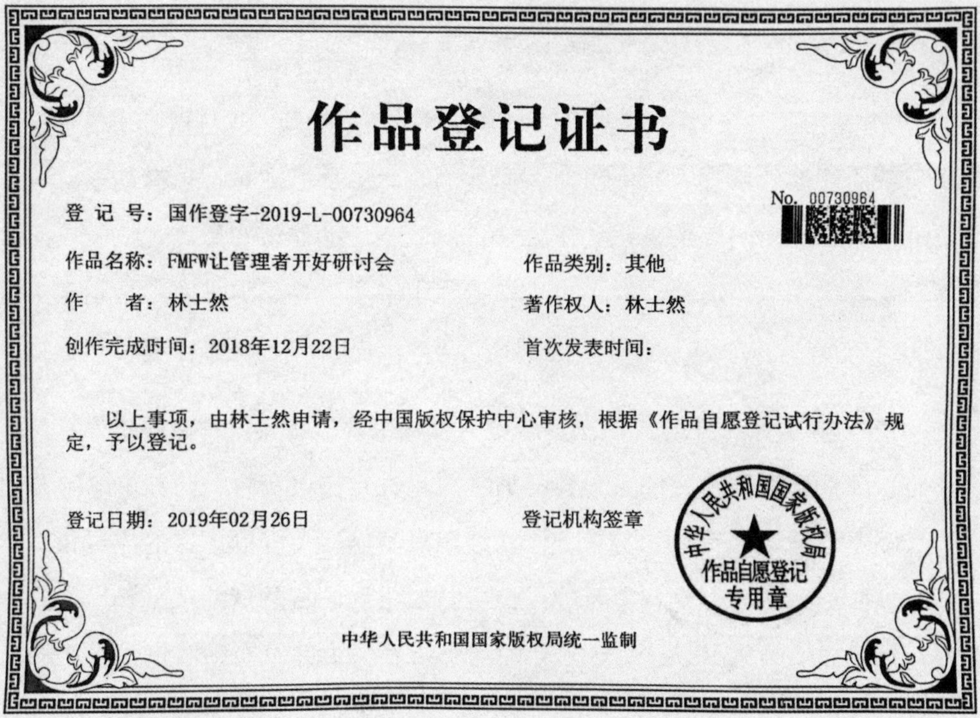

作品登记证书

No. 00730964

登 记 号：国作登字-2019-L-00730964

作品名称：FMFW让管理者开好研讨会　　作品类别：其他

作　　者：林士然　　著作权人：林士然

创作完成时间：2018年12月22日　　首次发表时间：

以上事项，由林士然申请，经中国版权保护中心审核，根据《作品自愿登记试行办法》规定，予以登记。

登记日期：2019年02月26日　　登记机构签章

中华人民共和国国家版权局
作品自愿登记
专用章

中华人民共和国国家版权局统一监制

FMFW 第 4 式：引导学员试着应用所学进行真实问题解决方案设计。这样做的原因和价值在于，前面尽管引导师已经示范了流程、让学员演练了工具，可是这套新流程和方法只有应用到学员的真实应用场景中，才知道合不合适；给予学员一个独立的时间模块，应用所学去设计出近期类似问题解决的方案框架，有助于检验学员对新知的理解，也有助于学员现场得到可以直接使用的成果。引导师给出问题解决方案的框架，并给予指导和点评反馈，也尤为重要。

FMFW 第 5 式：引导学员演练应对在解决问题过程中的关键困境。这个过程就相当于前期设计的剧本要做彩排一样。现场引导师根据自己的经验，设计出一个关键的挑战和冲突任务，让学员提前进行一次磨砺，有助于让学员夯实问题解决的技能，增加一些实用的技巧，也可以在这个过程中激发学员要实战的欲望。最后这个环节，现场能量应该是比较高的，因此，建议引导师在设计时多用情景剧场这个工具。

第5章

高级引导技巧

在前面分享了很多培训和引导方法和流程，有的人可能觉得足够消化一段时间了，有的人则可能感觉还不够。如果作为培训人员你已经理解和掌握了，并能够将两者融合在工作坊中，我相信你已经拥有应对绝大部分主题的工作坊的能力了，甚至可以判断你已经超越了市面上一半的传统的培训师和引导师了。有的人可能也会担心：以后给客户的工作坊设计方案会不会相差不多？那么如何在方案上让客户和学员有新鲜感呢？如果每次都是那几种方法，学员的兴致是会受影响的。对于一些上组织公开课的引导师来说，他们的确“留了一手”，这一手就是他们更早地搞清楚了引导与工作坊的原理，可以对过往培训和引导工具进行迭代，让其在工作坊中重新焕发第二次生命。接下来，我会分享在“引导的规律®高级引导术©”课程中的几个引导工具和方法，旨在让你看到在工作坊中引导与培训无缝衔接、运用共创激发学员智慧，以及让学员有多层次体验的示例，旨在让你看到工作坊如何“海纳百川”和“绚烂多彩”。

5.1 情景故事

使用故事教学是培训人员经常使用的培训方式。在恰当的时机出现一个好的故事，往往能够事半功倍，不仅可以让学员更快地理解一些复杂概念，也会让学员对本次培训的印象更加深刻，还可以让学员跟上培训节奏。在培训的前半部分出现故事可以激发学员的学习兴趣。如果这个故事是最近发生的、情节跌宕起伏且与受众有连接，则这个培训开场就很容易让学员投入。在培训的中间加入类似的故事，有助于帮助学员分析问题和解决问题，有助于为学员增加资源。在培训的后半部分加入故事，有助于检验学员是否掌握了所学内容，让故事帮助学员进行技能训练。

培训人员在讲一个故事时，一般会采用三段论的方式进行。首先讲述一个跟主题和目标相关的故事，之后总结故事的论点（有时总结前会象征性地邀

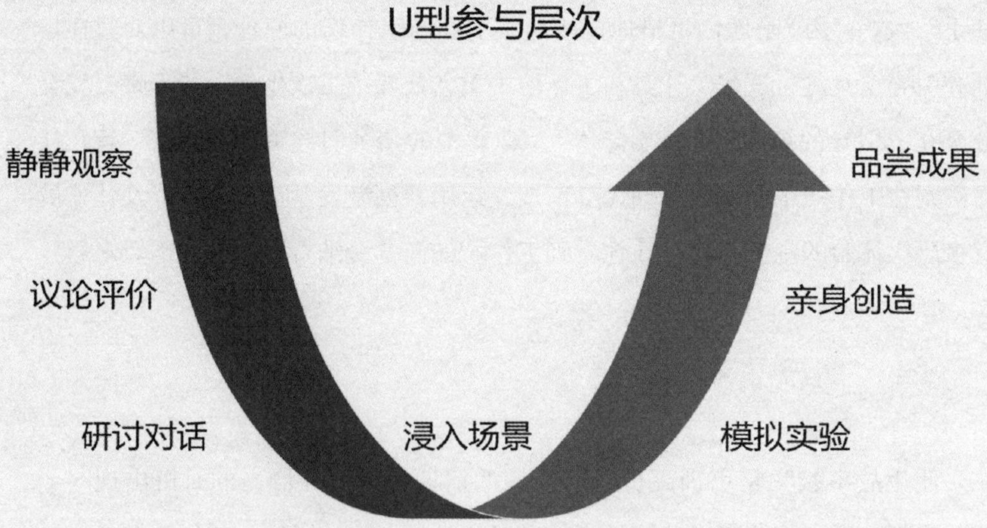
U型参与层次
静静观察
议论评价
研讨对话
浸入场景
模拟实验
亲身创造
品尝成果

请学员分享自己对故事的理解并简单交流），最后将故事与现实联系起来并启发学员思考。然而，随着互联网时代的到来，选出一个好故事变得非常困难，这不仅因为学员和培训人员掌握的信息越来越对称，两者越来越平等（学员不再只是一味地接受和认同培训人员的方式），而且还因为一个故事有不同的理解视角，有时新鲜故事的剧情还会出现反转。所以，很多时候培训人员在讲故事时，常出现 3 个遗憾和风险：一是故事选择不当，缺乏与学员的连接，学员不感兴趣；二是在故事还没讲完时，学员就感觉培训人员是在传授某个老套的道理，而且已经锁定了答案了，于是让人觉得索然无味；三是故事分析角度和价值观存在差异，在互动过程中引发了学员跟学员、学员跟培训人员的争执，偏离了在该环节设定的教学目标。

不仅是传统的培训师，引导师也面临类似的困局。在开场和必要信息输入环节，如果缺乏新意，则会发现现场的能量会下降。那么如何才能有一个不一样的开场，能够促动学员参与，并对后续流程安排有价值和帮助呢？在“引导的规律®高级引导术©”课程中，建议将传统的故事升级为情景故事。情景故事相比传统故事更有开放度，它鼓励学员在理解了故事背景后，一起面对故事中的挑战任务发挥想象力，合力地共创解决方案，并发展故事场景。情景故事没有固定的答案，同时在解决难题的过程中，又反映和展现学员跟工作坊主题目标相关的技能。在各学员头脑风暴出多个方案的过程中，也有助于学员相互学习，强化关于主题任务的常识，从而形成共同语言。

引导师在使用开放式情景故事时至少包含了 3 个关键流程：一是在讲述故事的过程中逐步将现场学员带入故事情景中，让故事似乎就在现场一样发生会让学员觉得非常有趣；二是在讲述过程中巧设挑战难题，提前设计的任务让学员觉得似曾相识；三是邀请学员帮助面对和解决故事中的难题，以推进和发展这个故事。例如，在第 2 章中就用情景故事做了开场。情景故事为过往的故事和激活旧知的挑战性任务提供了一个有趣的场景，避免了直面问

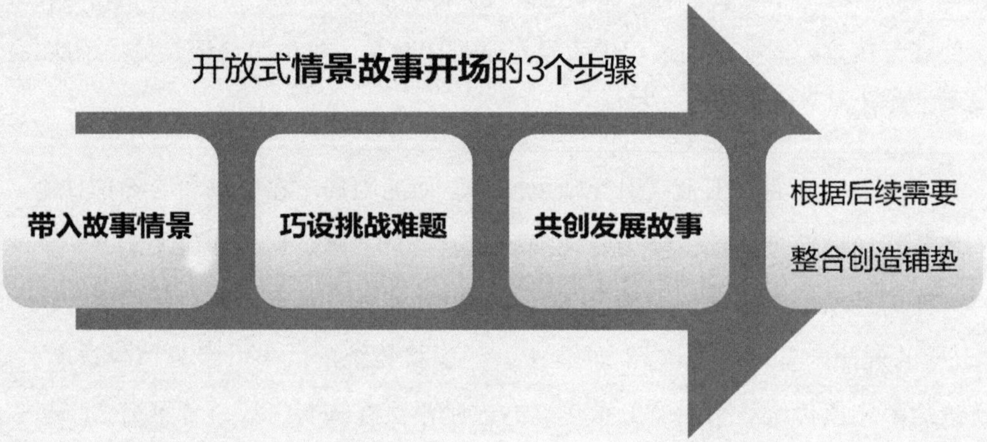
开放式情景故事开场的3个步骤
带入故事情景
巧设挑战难题
共创发展故事
根据后续需要
整合创造铺垫

题时显露水平的尴尬，它的真实性激发和检验了学员的真实技能，它的虚假性允许和包容学员的失误，使学员有更多的创造性。

情景故事的最佳适用场景有 3 个：一是当学员都期待引导师带来不同的体验时；二是学员之间存在信息差且会影响后续产出时；三是引导师想了解学员水平以调整后续流程时。要用好情景故事必须提前设计故事情节。情景故事设计模板，如图 5-1 所示，按此设计可以确保情景故事达到预期的效果。

情景故事设计	关键内容
工作坊主题 / 课程主题	
情景故事出现时机	
设计者的焦点目标	
预计整体时长	
故事背景	
冲突与挑战	
现场参与者面临的任务	
成果共创期待	

图 5-1　情景故事设计模板

5.2 颜色战争

爱娃·海勒的经典儿童绘本《颜色的战争》，描述了各个颜色争斗和变化的有趣故事，这像极了工作坊学员观点之间的震荡和融合的过程。基于传统游戏，以下设计出了“舌战群儒”、“谍战迷局”和“军团混战”3 个对话工具。

1. 舌战群儒

传统的辩论赛规则简单、流程清晰，辩论各方为了获取最终胜利，彼此激烈交锋，现场能量极高。以下参考辩论赛的前半程形式，推动观点的真实碰撞，同时又让学员换位思考，而在后半程则引导学员朝着共识的方向，努力形成包容性观点。

“舌战群儒”的操作流程如下。

1）针对某个话题分组形成鲜明的观点，接下来将观点陈列在 A、B、C 区域内（正方、反方、中间方），确保本区域内的观点相似。

2）设立权威讲台，即发表观点的位置（可带上帽子、手持教鞭），到达权威位置，需要宣读观点、陈述缘由、捍卫观点。

3）每组选派代表，依次开展 3 轮演讲，第 1 轮挑选自己的观点进行阐述，第 2 轮挑选中间方的观点进行阐述，第 3 轮选择对立方的观点进行阐述。

4）最终将本组观点重新修改，以获取更多人的认同和支持。

5）依据最终的观点重新分组，研讨出针对共同目标的解决方案、策略建议或观点。

“舌战群儒”的应用前提和条件有 4 个：一是双方观点显著对立，二是双方势均力敌，三是双方的分歧需要公开，四是双方都服从整体目标。为了确保对话顺利进行，“舌战群儒”还需要提前明确对话的规则，包括基于事实阐述观点、毫不隐瞒真正的观点、获取更多事实以完善观点，以及真正倾听他人的观点等。

2. 谍战迷局

常见工作坊的主题和目标成果都比较聚焦，大部分学员也会被假设和引导成为积极正向的，然而真相不一定如此。有时，不一样的声音反而让最终的决议质量更高、共识度更高；同时，尽管个别声音的出现影响了学员的共同注意力，或者看起来增加了团队共识达成的难度和时间，但这也让可能的风险和影响后续落实的疑虑跟担心被提前考虑了，从而增加了成果真正落地的可能性。

“谍战迷局”的操作流程如下。

1）每组选出一位引导师，负责引导达成目标和共识；其他人拿到不同数量的3类角色卡。

一是“鹰派”，意见领袖，观点鲜明、态度强硬，似乎很难被说服（可持正方，可持反方）。

二是“鸽派”，追求和平、倡导中庸，甚至选择妥协以达成和谐。

三是“雀派”，喜欢捣乱、故意跑题、制造麻烦，仿佛来到这个世界上就是为了传递负能量、看大家失败和笑话的。

2）拿到角色卡的学员，**试着只让自己看到角色，并努力按照这个角色卡的提示来创造性地演绎**（注意选择不同的参与策略）。

3）在工作坊后半阶段，角色卡持有者决定是否转化角色，仅有一次机会，可以转换一次角色。

4）引导师要争取学员的支持，除在规定时间内试着达成目标和共识外，还要找到小组内的“雀派”，并将“雀派”排除出去。

在“谍战迷局”中，拿到角色卡的学员既面临自身观点和角色卡观点相冲突的心理压力，又有角色扮演和创造性演绎的动力，这让对话过程变得有趣。在工作坊后半阶段给予学员一次角色转化的机会，让剧情更加扑朔迷离，也敦促引导师尊重学员的感受和观点。除达成团队目标外，每个学员还需要面对两项任务：一是排除“雀派”的干扰，二是保护好自己，避免自己被当作“雀派”。这看似增加了学员分配注意力的压力，实则让学员关注自身观点对他人和团队目标的影响，并确保少数人的声音被倾听和尊重。

3. 军团混战

“军团混战”除让学员进行位置转换、观点换位体验和身份转换外，还可以让学员群体之间的观点不断融合，并让学员转换阵营。

“军团混战”的操作流程如下。

1）针对某一话题，每个人将自己的观点（尽量用楷体）写在纸上，然后捏成纸团，众人将纸团抛向天空；随即选择一个纸团，5 人左右组成一个军团，试着将 5 个观点连接起来，然后形成 3 个观点进行论述。

2）“军团”之间宣读观点，完毕后，保留观点相同和相近的纸团，将剩余的纸团扔给听起来观点不同的另一“军团”。

3）拿到新的纸团后，每个“军团”再将手上的纸团整合成两个观点进行论述。

4）“军团”之间继续宣读观点，悬置观点，听完观点后学员主动加入所认同观点的“军团”中。

5）新“军团”试着将其他“军团”的观点整合纳入自己的观点，发布新观点或新成果。

“军团混战”借助流程和规则，让学员体验观点发散、震荡和收敛的过程，有助于推动学员“借题发挥”和“移花接木”;在观点数量逐步减少的“强迫压力”之下，有助于学员吸收他人的观点，融合自己的观点，整合成新的观点；同时，最终结果并不是追求大一统，允许依据自己的选择，成立和加入新的“军团”，允许出现“和而不同”的共识局面。

综上所述，无论是“舌战群儒”、“谍战迷局”还是“军团混战”，都是一种鼓励冲突之后达成共识的对话形式，是对传统对话形式的补充。颜色战争，有助于让学员看见彼此的观点差异，引导学员进行深层对话，化解矛盾冲突和达成团队共识，有助于让学员经历更丰富的对话体验。

5.3 沙盘共创

前面已经讲过传统沙盘课程的问题和缺憾了，那么沙盘课程是不是就应该被逐渐淘汰呢？那也不一定。效仿情景故事升级改造传统故事的做法，可以将团队共创的理念和设计思维、快速设计原型的理念用于升级和迭代之前的沙盘课程，让工作坊现场有更多的参与互动方式和成果呈现方式。结合 U 型对话圈的流程，U 型沙盘共创有呈现现状、分析对话和共创新版 3 个步骤。以流程优化工作坊为例，目标成果是生成新的业务流程。第 1 步呈现现状，就是引导师带领学员把现有的流程运用便利贴等道具完整呈现出来，让学员看到当前流程的全貌；第 2 步分析对话，引导师启发学员看到当前流程时的感受和想法，并让学员挑选出“深恶痛绝”的流程，询问和邀请学员分享可以做出哪些新的尝试，以让学员的共同目标得以实现；第 3 步共创新版，引导师鼓励学员一起动手，把理想中的流程呈现出来，在过程中鼓励学员继续改变之前的流

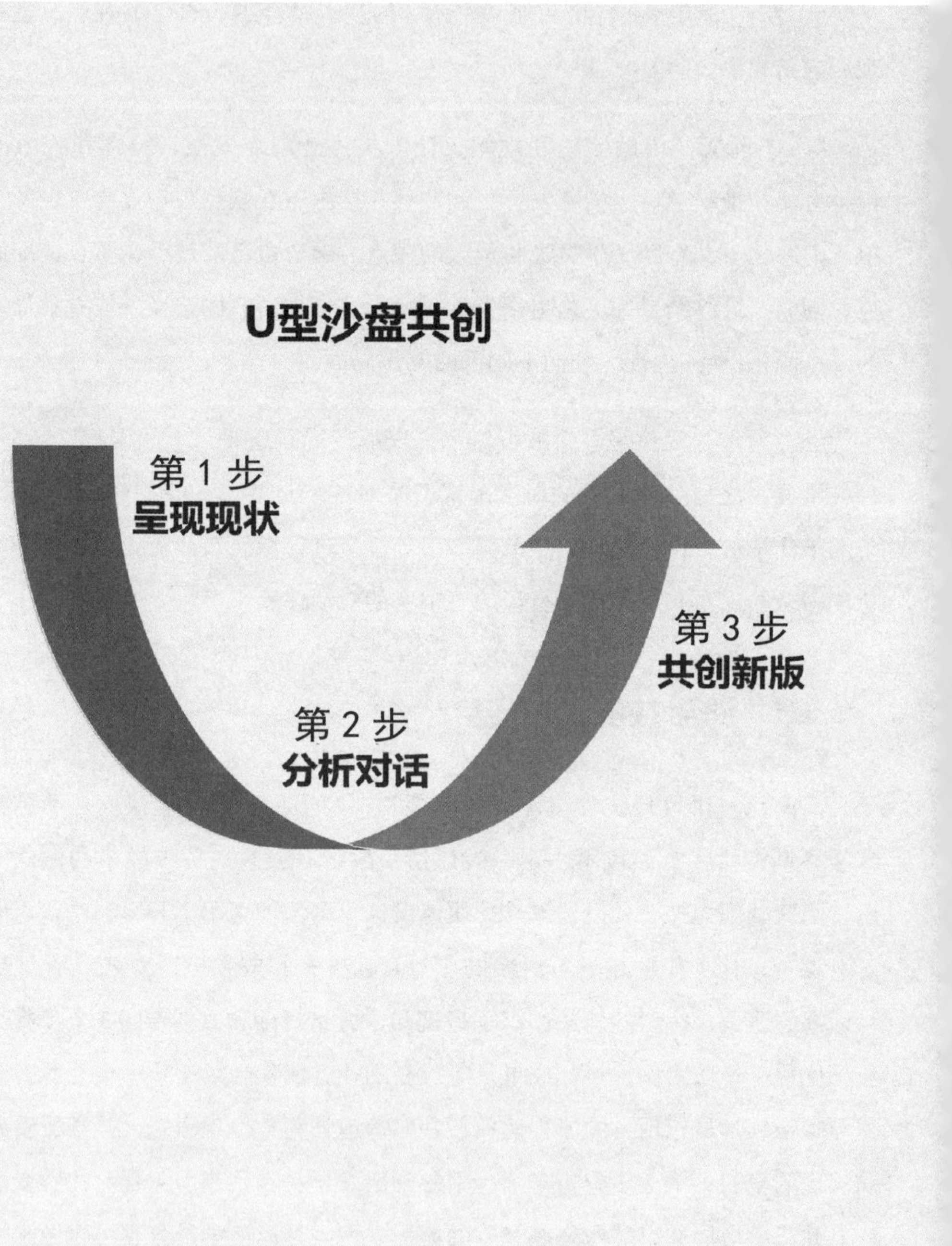
U型沙盘共创
第 1 步
呈现现状
第 2 步
分析对话
第 3 步
共创新版

程，最后再询问学员是否对最后的流程有共识，确保学员都愿意去遵守和执行新的流程。相比情景故事，沙盘共创的参与度要求更高，前者主要是让学员思考，而在沙盘共创过程中，不仅要有思考，还需要边思考边交流边动手，因此有了很多身体参与，同时，也鼓励学员“借题发挥”，让学员亲自感受和体验新沙盘的创作过程。

运用沙盘共创时，引导师一般需要基本明确目标成果，试着预演工作坊现场的过程，提前分析学员可能在哪个环节遭遇困难，以准备相关的需要输入的资料，同时，为了让沙盘共创更像沙盘，也需要准备常用的一些道具和物料，如便利贴、毛根儿、积木和马克笔，也可以鼓励学员手工制作道具。在引导沙盘共创时，一般需要提前预热，激发学员的想象力和动手能力，鼓励学员敢于动手、让学员暂停头脑评判至关重要的想法，同时，在分析对话环节给予学员足够的时间，确保每个人的声音被听到，每个想法都被尝试。

沙盘共创，特别适于现学员者经过了大量的研讨、脑筋已经转不动且能量开始下降的时刻；特别适于那些成果产出可以表现为文本或可视化的工作坊；特别适于成果产出需要让学员创造性地动脑与动手的工作坊；特别适于鼓励每一个不成熟的想法，并让学员合力拼图创造出一个新的共识成果的工作坊。

相比情景故事，沙盘共创在学员体验层次上深入一些，超越了动动脑、动动嘴、动动手的工作坊的主流形式，调动了视觉、听觉、身体等多个感官方式和学习触手，鼓励学员将想法、感受和决定贯穿起来，倡导学员在现场立即开启行动尝试，不仅符合 ORID 的原理和 U 型理论，也符合成人学习原理。

5.4 情景剧场

情景模拟是培训人员常用的教学手段和工具，常用来激发学员兴趣、激活学员旧知、检验学员所学和应用所学内容。情景模拟有 4 个突出特征：一是让学员很快进入场景，而不是像讲故事一样半天后学员还云里雾里搞不清楚要干什么；二是现场实战指数很高，而不是讨论别人的内容或只是分享观点，眼见为实、现场呈现是情景模拟所提倡的；三是有助于调动学员的资源，无论是不是培训人员所讲的内容，学员面对挑战性任务，都有整合资源信息解决难题的冲动；四是学员在情景模拟现场中可以相互学习，体会自己与他人处理问题的差异与微妙之处，而且现场的氛围也是轻松愉悦的。对于有经验的培训人员来说，一场技能主题的培训，如果超过 1 天都应该有情景模拟这个环节，而且放在 2 天或 3 天课程的最后半天，效果肯定棒。

然而情景模拟也不是屡试不爽的，有时，情景模拟使用不当也会给课程带来一定的风险。例如，占用了大量时间却乏善可陈，面对现场压力学员发挥失常，学员有意弱化了冲突导致剧情平淡、哈欠连连，或者多次上演大同小异的剧情，或者针对矛盾冲突的解决方案太过个性无关所学主题……

按照情景共创的原理，结合当下流行的即兴戏剧，我把情景模拟升级为情景剧场，从而让情景模拟有了更多的乐趣和创意。使用情景剧场分为 4 个步骤：第 1 步是预热准备，强调这个环节的参与规则（如即兴戏剧的一些规则）外，更重要的是做即兴剧场的热身，让学员借助一些游戏和即兴活动，打开身体、声音、情绪和想象，让学员开始体会角色与矛盾冲突；第 2 步是宣读剧本，指定或让学员选择给定的剧本，再让学员理解剧本中的场景、矛盾冲突和任务；第 3 步是给定时间，让学员在小组内共同商议解决方案，并为演绎场景准备必要的角色卡和道具；第 4 步是拉开剧场大幕，演绎场景和冲突、演绎解决方案。

设计情景剧场时，要注意 4 个要点 ：一是要明确情景剧场定位的目标，依据情景剧场在工作坊整体流程中的位置和时间段来确定焦点目标和体验目标 ；二是明确界定剧场中学员面临的关键矛盾冲突，避免“答非所问”和“避重就轻”；三是要准备足够且合适的程式动作，确保各个小组都有不一样的任务挑战 ；四是适当准备角色演绎必备的道具物料，让学员都能进入场景中。其中，情景剧本的设计，要跟情景故事设计一样，避免太过生僻的剧本、避免剧本结果缺乏扩展性、避免剧本信息过于复杂，也避免剧本缺乏冲突乐趣。

以下为我在“FMFW 让管理者开好研讨会©”课程中的一个情景剧本示例。

【沉默不语、士气低落的大会】

在梁山，一日，宋江宋头领召集众人开会，商议梁山的经营问题。原来，梁山人马越来越多，但粮草、吃穿、住宿等纷纷告急，且兄弟们整日吃酒比武，每日还皆有死伤……有人看到这个局面，甚至公开宣导还不如回家卖红薯……如此下去，梁山危矣！宋江决定召集大家开会商议下，可除李逵提出了想法外，其他人却沉默不语……一看这个情况，军师吴用承担了引导工作……

冲突与挑战：如何想出应对的良策？如何借此会议重振士气……

请小组试着先还原会议场景，并大胆假设和创新，发展场景……

5.5 隐喻教练

情景故事、沙盘共创和情景剧场要想设计得更加精妙，都离不开隐喻。隐喻能够为情景故事、沙盘共创和情景剧场穿上华丽的外衣，起到锦上添花和画龙点睛的作用。隐喻能“近取譬”“举他物以明之”，“似是而非、似非而是”；隐喻是相似性和差异性的辩证统一。隐喻源于希腊语，亚里士多德曾说：“善于使用隐喻的人都是天才。”隐喻的原意是指由此及彼、由本体到喻体、从出发点到目的地的映射和转换。好的隐喻耐人寻味，也让人若有所思。隐喻是认知世界的工具，辅助人们认知、理解和描述复杂的概念、感受和事件。昔日“庄周梦蝶”的故事让人深思隐喻的哲学价值。隐喻让人们换一个角度看世界，在人们用喻体理解本体的同时，喻体又反哺本体，让人们重新建构和拓展了对本体的认识和理解，并让人们获得新的启发与灵感。隐喻是人们热爱生活和生命的典型表现，让生活诗情画意、绚烂多彩、芬芳四溢。

引导师在工作坊中使用隐喻，成为隐喻教练®，不仅有助于学员理解复杂的概念，更有助于像教练一样激发学员的潜能。

隐喻教练®是指充分运用隐喻的力量让被教练对象开启想象，并从隐喻旅程中得到启发和觉察的教练。隐喻教练®借力一系列的特殊问句让被教练对象（受众学员）关注的事情进入新的空间（就像打开一扇窗户），获取新的空气和风景，避免在原地纠结和缠绕，并将在新空间的体验、力量和资源带回到现实关注的问题上，从而帮助被教练对象更轻松、更有创造性地找到问题解决的策略。隐喻教练®常借助时间线让被教练对象（受众学员）在过往、现在跟未来之间转换，并在现实和虚拟场景切换中获取信心、能量和动力。隐喻教练®常使用5类问句，包括感受类问句、角色类问句、抽离类问句、参照类问句和愿景类问句，如图 5-2 所示。综合使用这 5 类问句不仅有助于引导师（隐喻教练®）启发学员获取新的资源，更让其感觉思考过程轻松和自在。

5类问句	典型问句示例	价值作用
感受类问句	你当时的感觉、感受跟心情是什么	连接感受
	这种感觉会让你想起什么画面	开启想象
角色类问句	当时，你感觉自己扮演的角色就好像什么	连接角色
	总结下，你觉得你们当时的互动关系就好像什么	唤醒觉察
抽离类问句	再次看这件事情时，你会发现整个过程就好像什么	跳出画面
	如果当时你在一架直升机上，你会看到些什么	整体思考
参照类问句	假如整个过程就好像……，你会有何新发现	深层洞察
	如果整个过程还像……，你又会有何新发现	汲取能量
愿景类问句	你期望接下来的一段旅程会是什么样子的	开启未来
	从现在到未来的旅程，我们需要做些什么	引发行动

图 5-2　5 类问句的典型问句示例和价值作用

隐喻的价值不仅能够应用在引导师高质量的发问中，更能够有效地帮助引导师改善课程设计和工作坊设计，特别是当传统的组合流程让人觉得缺乏亮点创意或者不能激发学员参与的兴趣时。有时，完成了一场工作坊就像完成一次充满可能性的旅行，引导师就像导游一样带领学员享受旅途的跌宕起伏、峰回路转和柳暗花明……由此，在**设计工作坊前**，可以选择隐喻化流程，先有整体画面，激发设计者更多创意和灵感；或者在**设计完工作坊后**，选择隐喻化流程对比借鉴，让设计得以优化和完善。在旅途中有对未来的美好期待，也有骨感现实的艰难险阻；有看到风景的喜悦，也有困难前的担忧；更有应对挑战和突破自己的兴奋……由此，既可以针对整体流程进行隐喻对比，也可以针对某一阶段流程进行隐喻对比。

将工作坊流程进行隐喻化的艺术处理往往能够起到画龙点睛和锦上添花的作用，一般分成 3 个步骤来进行。

第 1 步是试着简化传统的流程，最好简化为 3 ~ 5 步，使客户听得懂、记得住，并能够呈现在海报上让学员看到。

第 2 步是寻找合适的、常见的喻体，如登山、旅行、取经、历险、突破、穿越、蜕变、融汇、涅槃新生等，试着让隐喻的流程数量与传统流程的数量相等。例如，在第 2 章介绍将引导式培训 1.0 升级到引导式培训 3.0 时，选择了登山这个隐喻流程，借助山脚—山腰—山顶 3 个阶段的不同风景，暗示引导式培训的 1.0 到 2.0 到 3.0 这 3 个发展阶段的不同特征。

第 3 步是确定工作坊流程和隐喻相融合的方式，并务求简单、清晰、好理解、易被认同。因为隐喻可以有不同的指向，所以在流程背后的本体选择上要尽量结合工作坊的主题、团队状态等，让学员觉得这就是自己的过去、现在和未来，同时在隐喻化的流程呈现上，可以只呈现隐喻流程，也可以将隐喻流程和传统流程同步呈现，也可以将传统流程的词汇更换成与隐喻匹配的。例如，在第 2 章介绍 4 类课程设计与开发类型时，参照初高中物理化学常用的实验词汇，用了渗透型、过滤型、萃取型和催化型来分别代替指令式、ADDIE①式、经验萃取式和引导式，不仅点出了该类型课程设计与开发的主要特点，让学员的脑海中更有画面感，还传递了课程设计与开发从最初简单的物理变化，逐步过渡到更高级和复杂化学变化的发展脉络。

---

① ADDIE：A 指分析（Analysis），D 指设计（Design），D 指开发（Develop），I 指实施（Implement），E 指评价（Evaluate）。

5.6 视觉共创

视觉引导不仅是引导的一种门类，也是引导功能发挥价值的核心抓手。视觉承载了引导，如同为一朵花提供了花盆保护，没有引导的视觉是缺乏灵魂的，而没有视觉的引导也不可能是一件成功的艺术作品。在工作坊中，视觉的力量无处不在，借力视觉有助于营造更美好的场域，有助于推动学员积极参与、调动资源、贡献智慧，也有助于转换视角、增强动力、化解矛盾冲突……优秀的工作坊引导师不仅借力有形的视觉呈现和表达，还会开启无形的视觉（想象与隐喻），并借力各方力量开展视觉共创。一次成功的视觉共创®，离不开主引导师、视觉引导师和现场学员三方的合力共建，三者既有分工，又通力合作。

1. 主引导师的职责

1）依据工作坊现场的内外空间、客户的行业特征及主题等，设计一个隐喻化的视觉空间和隐喻化的工作坊流程。

2）将工作坊的流程和内容以隐喻的方式清晰传达给视觉引导师，合力构思核心的框架隐喻和流程隐喻。

3）与视觉引导师一起规划现场的布局，明确视觉引导师在工作坊现场的工作空间和学员产出成果的呈现空间。

4）从视觉引导的视角出发，瞄准视觉价值最大化的呈现环节、价值、所需时间，并做好准备工作。

2. 视觉引导师的职责

1）理解本次工作坊的前因后果和推进路线，规划工作坊整体的、隐喻化的视觉图像，并提前构思可能的隐喻框架。

2）在工作坊现场，设计工作坊推进的框架和流程，呈现现场的精彩瞬间和精彩观点。

3）与主引导师合力提升学员现场的视觉成果产出水平，做好美化工作（前期铺垫和后期加工）。

4）营造视觉引导氛围，复盘工作坊的推进流程，呈现工作坊的推进过程，让学员对工作坊印象深刻。

3. 现场学员的职责

1）依据主引导师和视觉引导师的要求，产出符合格式化的成果。

2）在各类视觉刺激之下，打开感受和想象力空间，努力用视觉化语言表达。

3）试着用视觉化的方式记录现场流程、心得体会等，形成视觉化笔记，并分享。

4. 三方通力合作的注意事项

在视觉共创®过程中，要极力避免以下情况。

1）主引导师将视觉引导和设计的压力全部交给视觉引导师，自己放弃对工作坊隐喻空间的打造思考。

2）主引导师将视觉引导师的主要工作限定为现场海报制作和现场视觉记

录（尤其细致的）。

3）主引导师在现场忘记与视觉引导师及时沟通，不让视觉引导师出现在工作坊流程中。

4）视觉引导师不能够将主引导师的想法和现场学员的产出融入视觉化的工作坊流程中。

5）主引导师和视觉引导师都忘记了对现场学员的视觉呈现和视觉表达的激发和赋能。

BAGMART

【老林分享】关于引导师角色的 15 种教法

在引导的规律®四模块课程中，有“引导师的角色与使命”这样一个基础学习要点，旨在让学员在课程一开始就对引导师有一定的认知和理解共识。

如何用引导式培训的方式来达到“让学员在课程一开始就对引导师有一定的认知和理解共识”这一教学目标呢？你首先会想到哪种教学方式呢？总结之前的操作尝试，我形成了以下 15 种教法，供大家回顾和学习。

第 1 种：案例教学

老师选择自己操作过的、与学员的应用场景有连接的成功案例，进行完整分享；之后边讲案例边输入知识点；最后让学员回顾案例的关键细节、收获启示和疑问，并在组内和组间进行分享交流。

【学习素材】

什么是引导？ Facilitate 字面上的意义是让事情变得容易，中文翻译为引导、促动、催化、建导、协作等。Facilitation（引导）是一种鼓励参与、激发责任与创造性的实战工作方法，是帮助团队群策群力达成目标和达成共识的工作艺术。

引导师扮演的角色？引导师看重的是团体想实现和需要实现的目标。引导师努力为学员提供流程、工具和方法，以激活团队动力、智慧和潜能。引导师以发起人的需求为基点，兼顾学员的需求，设计团队成员之间对话的流程和形式，自己对讨论内容不显露立场和主张观点，引导师是完全的内容中立方。引导师的焦点工作是支持团队实现目标，让学员直面问题、深入对话和解决问题。引导师懂得如何激发团队成员参与、激发群体创造力、管理现场冲突和建立持久共识。优秀的引导师能够让团队焕然一新、让团队成员沉浸在团队工作中。

第 2 种：你问我答

分组，组内先自学“学习素材”；之后每个小组提出 1~3 个共性问题，其他小组学员先试着回答；之后老师再分享自己的见解；最后一起解决个性化问题。

第 3 种：问题测试

小组学员先自学“学习素材”；之后让学员完成一份测试问卷，并且判断对错；最后由老师公布参考答案，并阐述理由。问题测试，看似简单低级，实则对认知和理解很有用。

第 4 种：拼图共创

组内自学“学习素材”，最终得出一张包含 4 个维度的海报。4 个维度分别是关键词、引导师像、引导与培训的差异、引导的应用场景。海报出来后，将其裁剪成 4 块，拼接成一张大海报，老师带领学员从 4 个维度梳理一遍，适时进行点评。

第 5 种：知识接龙

继续拼图共创的流程，拼图共创的最后成果也可以不是拼成一张超大海报，而是按照 4 个维度依次进行快速分享，全场转组发布，让每个小组都有机会阐述自己的理解和看法。老师根据学员的理解、程度调整节奏，并决定分享每个维度的时间和组数。

第 6 种：世界咖啡

将知识接龙的形式稍微变形一下，现场可以设计 3~4 轮对话，如将 4 个维度分别作为一轮话题。每一轮，全场同时围绕某一个话题，讨论层层递进，适时进行换组交叉分享。最后让学员形成集体会谈的成果，老师进行串联点评。

第 7 种：电梯测试

小组自学“学习素材”，借鉴 4 个维度，开展 3 轮学习（难度逐级升高）。从中选择关键词、引导与培训的差异两个维度进行讨论，小组内形成统一想法后，老师给出一个“电梯演讲”场景，让学员对引导进行口头推销。

第 8 种：框架隐喻

小组自学“学习素材”，老师让各小组在关键词、引导与培训的差异两个维度进行分享，让学员有更多观点输入；然后小组内围绕引导师的角色与形象进行隐喻化处理；最后形成一幅隐喻图画或隐喻故事，然后依次进行分享。老师适时地进行点评。

第 9 种：舌战群儒

小组自学“学习素材”；之后选择引导与培训的关系这个辩论话题，形成两者差异很大（正方）、差异很小（反方）、既有区别又有相似（中间方）三方观点，让各小组进行自由选择和指定选择；之后从正方、中间方、反方角度依次阐述观点和理由；之后让学员选择不同观点继续捍卫和阐述理由，进行 3 轮辩论式对话；最后，在老师的带领下，各组都形成有共识的观点。

第 10 种：供需互应

在学员基础不一致的情况下，可以让高手思考下要给小白学员分享的内容；同时，小白学员集体共识想询问高手的问题；之后将分享主题和探询问句快速整理，依次进行访问和分享；老师适时地进行点评。

第 11 种：摇滚沙拉

小组自学“学习素材”，让每个学员形成一个问题，并清晰地写下来；之后揉成纸团集体同时抛向中间；之后随机捡起一个，3~5 个人一组，进行问题分享和个人见解分享；一轮结束后，再进行第二轮，重新分组重新分享；最后由老师来解惑。

第 12 种：高峰访谈

在学员基础不一致的情况下，可以让小白学员扮演访谈记者，高手扮演英雄人物，两者在阅读完“学习素材”后，记者探询英雄事迹，确保自己对引导的疑问得到英雄人物的回应，英雄人物同时也试着将自己的引导故事、对引导的认识与“学习素材”相结合。

第 13 种：编制故事

小组自学“学习素材”，每个小组负责选择一个有挑战性的冲突场景，编制一个实战的故事版本，故事可以按照 STAR①的结构呈现（情景—挑战任务—传统的培训师和引导师分别采取的行动—各自的结果）；最后各个小组依次分享，老师进行点评。

① STAR：S 指情景（Situation），T 指任务（Task），A 指行动（Action），R 指结果（Result）。

第 14 种：情景故事

在虚拟故事的基础上，可以选择完全开放地由各个小组学员进行自由发挥，也可以由老师设计一个场景，如西游归来的经验分享会，让前 4 天以培训形式出现，第 5 天提出引导＋培训的需求；之后让小组学员帮助设计第 5 天的日程安排；最后，老师带领学员比较培训与引导的差异点，并相互借鉴学习。

第 15 种：情景剧场

学员基础较好时，可在编制故事和情景故事基础上，让各小组学员按照自己编写的剧本或老师给出的剧本，现场即兴演绎矛盾冲突和解决矛盾冲突的策略；小组学员进行总结分享或由老师点评，以强化本小组学员和其他小组学员的参与式学习体验。

第6章

成为工作坊引导师

对比传统的培训师和工作坊引导师的工作内容，可以发现传统的培训师的工作更容易复制些。首先，在授课技能方面，传统的培训师的经验达到一定积累后，理解课程和“复制课程”的技能会快速得到提升，这也是为什么市场上有些老师能够同时讲授很多主题课程的原因；其次，在授课内容方面，面对客户的不同需求，传统的培训师刚开始在积累观点和案例方面会花费些时间和精力，但是一旦准备好了，这些内容很容易在其他相关主题课程中应用，从某种角度上说，投入产出比还是划算的；最后，在交付频率方面，大多数传统的培训师比较喜欢的是轮训的需求，这意味着他们花费一次的精力（设计和打磨这个课程）和时间能够得到 N 倍的回报，交付实施时的课程一般不会有很大的变化，所以有些人戏谑地说培训真是个体力活儿。或许是看到了这些好处，越来越多的人加入职业培训师的队伍，竞争也越来越激励，最后拼的还是能否为客户创造独特的价值。

对于职业培训师来说，现在已经不是选择做传统的培训师还是做引导师的问题，而是如何快速成为两者的问题，因为“三头六臂”的职业培训师在市面上已经有不少了，因为他们能跟上趋势、提前学习和开展实践。站在客户的角度，在其他条件类似的情况下，如果你既能做技能培训、清晰地传递知识，并让学员学习到实战的工具方法，又能做现场引导，引导学员解决重要紧急的真实问题，得到关键的成果产出，则客户会选择你。然而，能够做到在培训和引导之间自由切换，也不是一件容易的事情（不是简单学个课程、掌握几个教学方法就可以的事情），除对过往的习惯进行调整外，还需要理解引导式培训 3.0 的核心特征、认同引导式培训 3.0 的 10 个理念、具备工作坊引导师的核心素质、在工作坊现场满意度的评估要素上与客户达成一致、掌握引导背后的核心规律，以及加强修炼引导师的底层状态等。

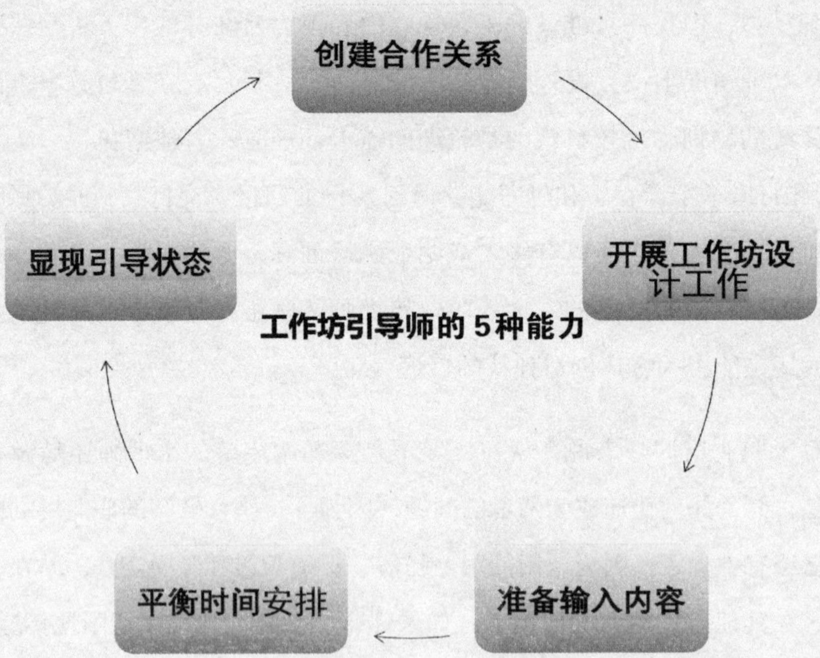
创建合作关系
开展工作坊设计工作
准备输入内容
平衡时间安排
显现引导状态
工作坊引导师的5种能力

6.1 工作坊引导师的 5 种能力

相比传统的培训师的要求，工作坊引导师的工作要求更高，必须同时具备以下 5 种能力。

1. 创建合作关系

1）积极了解发起人的意图，能够绘制“发起人同理心地图”和“工作坊前因后果图”。

2）努力了解学员的期望、学习风格和团队发展阶段，能够绘制“学员同理心地图”。

3）将发起人需求和学员期望进行综合，得到完整的“工作坊需求确认表”和“学员应用场景表”。

4）塑造积极、自信、专业的引导师形象，给予客户发起人和学员真诚和值得信任的感觉。

5）自始至终，展现引导师的支持、协助和服务的工作特性，努力为客户创造更多、更大、更持续的价值。

2. 开展工作坊设计工作

1）依据“工作坊实施路线图”明确焦点目标、内容目标和体验目标。

2）能够运用“凌波 5 步”列出并筛选出工作坊的关键议题，并合理确定议题的顺序和时间安排。

3）依据目标产出需要，请求客户调配必要的资源或者努力激发现场的资源。

4）综合运用6个常用的培训流程、6个常用的引导流程等，设计逻辑清晰、体验顺畅的流程。

5）将客户发起人、组织者和内部引导师纳入方案设计团队中，尽力对方案达成共识。

3. 准备输入内容

1）依据工作坊开始前的调研，预估学员解决问题需要的输入内容，并评估内容输入所需要的时间。

2）在准备输入内容时，能够厘清输入重点，并参照黄金圈法则准备好课件内容。

3）内容输入按照由简单到复杂、由容易到困难、由理解到应用的学习规律和成人学习原理循序推进。

4）为了达到内容目标，并兼顾体验目标，在现场同样鼓励学员发表观点、补充完善、共同创造内容。

5）当学员对某些内容有提前学习的需求时，能够灵活调整内容输入的顺序，照顾学员的体验目标。

4. 平衡时间安排

1）在一个工作坊中，学员进行参与式学习的总体时间不低于整个工作坊时间的50%；引导师的总体讲授时间不宜超过整个工作坊时间的40%，连续讲授时间不宜超过 20 分钟。

2）在工作坊中，客户发起人或学员关心的真实问题的研讨时间应不低于整个工作坊时间的 30%。

3）依据产出需要、学员的能量投入等安排流程，利用和管理学员的能量曲线。

4）依据工作坊定位和学员群体的特征，合理安排学员的休息时间和休息频率。

5）在时间冲突时，注意倾听客户发起人的意见，照顾学员的体验和能量，努力与大家协商，达成共识。

5. 显现引导状态

1）激发学员的学习热情、成就感，内容输入一般放在学员参与活动和做出贡献之后，而且使用“是的，而且……”句型肯定学员的内容；借助结构化群体研讨工具和对话形式，让学员更轻松地学习。

2）鼓励学员贡献智慧，分享经验，创新地解决问题；让学员在流程指引、工具提供和资源支持下，更快找到解决问题的方案。

3）更多采用提问方式和学员进行互动，鼓励学员学习和创造；遇到挑战和困境时，鼓励学员自己商讨应对方案，不采取压制和控制的方式。

4）牢记客户发起人和学员的期望和目标，推进最终目标达成；适时抓取学习机会，从内容和过程两个维度让学员获得新的收获。

5）持续学习和创新引导技术，修炼引导师状态，实现培训状态和引导状态的从容切换和无痕切换。

6.2 引导师的作用

有些人在学习了引导技术课程之后，感觉到了引导的魅力和价值，但就是不知道如何在自己的场景中应用。原因可能是没有搞清楚引导师的作用。以下结合实践，分享 5 点个人对引导师作用的心得和感悟，供参考和应用。

1. 引导师直面真实的工作问题或工作任务，在群策群力的过程中推动团队绩效改进和团队成长

面对客户所有的需求，引导师会先找到需求背后所共同关注的议题，然后，在工作坊中模拟与共同关注议题相关的工作场景，然后让学员像演员一样重新面对工作中的那些困难，而面对困难解决问题就成了整个工作坊的主线。这样做的原因在于，所有问题都来源于真实的工作场景，只有面对真实的困难，才对学员最有帮助。因为在工作坊中学员寻求到了资源和支持，所以在回到工作场景中面对问题时就更有解决问题的信心了。

引导师通过直面跟学员利益相关的问题，来调动学员参与的兴趣和投入度。工作坊结束后，问题的解决方案以及在解决问题过程中彼此的交流就成了积极参与的礼品。得到真实可用的成果，是工作坊价值的有力体现。抓住了这个点，引导师的价值和工作坊的投入就变得更佳容易衡量和评估了。

2. 引导师重塑解决问题的过程，引导学员关注焦点，聚集团队的注意力和智慧以推动问题的解决进程

有人会问："如果引导师为内容中立方，那么学员具备在现场解决问题的资源吗？如果学员能够自己解决问题，为何还需要聘请一个不能贡献答案的

第三者呢？”这些问题看似有力，其实忽略了个人解决问题和团队解决问题之间的区别、忽略了凭借个人经验解决问题和借助结构化模型工具解决问题之间的区别、忽略了专注力不足情景下解决问题和注意力足够聚焦下解决问题的区别。

绝大部分情况下，学员作为一个问题的拥有者、当事人和解决者，拥有基础的、零散的信息。如果把学员组织在一起后，那么信息得到了分享，问题也得到了部分澄清，此时缺乏的只是分析问题、解决问题的实战流程、抓住重点和关键的判断力，以及敢于突破限制的勇气，而引导师在支持学员解决问题的过程中扮演的就是一个流程贡献者、注意力引导师和集体赋能者。引导师像一个指挥家一样，让众人重新聚合，合力谱写美妙绝伦的乐章。

3. 对引导师最有挑战的工作是引导学员找到让问题卡住的关键原因（议题），并推动学员合力化解卡点

每一个工作场景和工作任务都是很复杂的，从哪些维度去解构和突破，这就是引导师要去解决的，也是考验引导师能力的。对引导师来说，最核心的技能不是如何提问，而是选择解决问题的角度和突破口，找准关键点，提出一个优质的问题。之后，才考虑如何将这个问句设计得更让学员容易理解，以什么样的方式提出来（让发起人提出来，还是让学员共创提出来，还是引导师提出来），以及提问的时机节点。

“如何提出优质议题”考验的是引导师对企业、管理和人性的理解，考验的是引导师对工作坊主题的熟悉程度和经验，考验的是引导师对常用管理模型及与主题相关的模型工具方法的掌握程度，如果引导师没有准备充分，与客户一起共创就很会显得软弱无力。

4. 引导师营造不同于工作环境的场域，鼓励发表和倾听真实的想法，推动大胆连接、整合和创造新的想法

有时我会感觉引导师就好像一个神奇的魔法师，虽然客户的问题、学员水平、资源似乎并没有变化，但引导师一介入后，碳原子就从石墨变成了金刚石，而让这一变化发生的重要原因是引导师塑造了不同以往工作环境的场域，在这个场域里面，学员的多层次需求被充分尊重和满足（与之前不同），所以能够放下疑虑和担心，不断建构、强化和推进想法，团队想法的数量、质量和方向最终得到了飞跃和提升。

工作坊是真实工作场景的隐喻空间。为了塑造这一特殊的空间、安排好这一特殊的时间，优秀的引导师往往多管齐下，无论是场地选择还是时机选择都提前介入，与客户发起人确认他的新角色，获取学员的支持和授权，让学员在全新的参与规则之下开展对话，当冲突出现时，让学员更愿意探询、澄清而非直接评判。

引导师恪守中立、鼓励参与、尊重个性，让学员共享信息、同理感受、整合想法，促进团队进一步达成共识

相比较于培训师和教练等，引导师在促成团队共识方面格外用力，这源于引导师服务的对象不仅是发起人，而是包含了发起人的整个团队；引导师的目标不只是停留在让学员对新的想法欢呼上，而是努力推动学员将好的想法变成现实；引导师不仅想让学员对自己在工作坊中的表现满意，而且让团队更持久地自信。

为了促成真正的共识，引导师懂得引导学员关注共同的目标和需求，也会特别关注少数人差异化的观点和看法，尊重和照顾到每个人的不同感受，让每个人愿意开放地接纳他人的想法。引导师激发真正参与，让团队不只是待

在舒适的区域，而是去探索更多、更新的可能性，团队由此最终也从“同而不和”走向“和而不同”。

6.3 引导师状态修炼

在传统的培训师成长为工作坊引导师的过程中，能够灵活自如地在培训状态和引导状态之间切换是到达引导式培训 3.0 的关键标志。引导状态不仅是在现场扮演好促动参与、引导过程和引导产出的角色，如果将工作坊引导师所具备的综合素质看作“一座漂浮的冰山”，你不仅要在工作坊前中后都展示出专业、灵活等职业化的表现，更要不断修炼冰山之下的内在状态，以确保冰山之上可见的特征更加稳固和坚实。冰山之下的资源丰富，同时也暗流涌动，很多人都不知道如何强化和修炼工作坊引导师所需要的正向信念、价值观和准则。为了提供一些更有价值的指导，你一开始可以将冰山之下的素质当作可以发展的特殊技能和行为来培养，在工作坊现场刻意练习，在工作坊结束之后刻意自我反思并努力获得全面的真诚反馈。

第一，引导师首先要培养自己如实观察的能力，能够厘清观点、事实和情绪的差异，暂缓评判，保持耐心，看到更多的已经发生和正在发生的事情状态，并能够准确地传递所闻和所见。能否准确、不扭曲、不掺杂、不夸张地复述和总结学员的观点是如实观察能力的具体体现。为了达到这一要求，复述和总结前后加上一些描述和提示。例如：“我所听到的部分是……我试着总结下……以上是我的版本……大家还有什么补充吗？”

第二，引导师要做好一个团队的陪伴者，具备同理倾听的技能，而不只是能够处理信息数据和理性分析，要能够觉察到学员的情绪、能量和需求，避免过早鲁莽地介入和不恰当地干预。有时，团队就如同一个孩子，有压抑的情绪，也有欢乐的时光，要能够通过孩子的表情和身体语言判断其心情的好坏。有时，团队关系又像春秋战国时期敏感的各诸侯国关系，是选择战斗还是和平，就在一线之间，引导师就像一个外交家一样，要能体察到各诸侯国的想法，同时还要能调节有不同诉求的各诸侯国的情绪。

第三，引导师要具备场景转换的技能，能够调整自己的心理状态和梳理复杂的思绪，到达客户现场，即可进入临场的状态，避免神游和心不在焉；要能够跟随场域的能量和风格调整自己的风格和表现，就如同能够进入不同风格的音乐状态；同时，引导师还要做一个头脑清醒的人，不仅清晰记得工作坊的主题目标和流程，敏锐地捕捉学员的身体语言和弦外之音，还能够清醒地感觉到紧张躁动的气息、看见悄悄游动的“鳄鱼”和众人避之不及的“粪坑”。引导师与这些状况，既在一起，又不在一起，引导师能够跨越进去，也能抽离出来，就如同一个“三栖”的飞行汽车，根据需要转换运动模式。

第四，在复杂的情绪、喧嚣的观点和各股能量冲撞纠缠中，引导师还要能够如定海神针一般稳定自若，而不是因为狂风而失去了自我。引导师既要恪守中立的状态，又能够兼具“是的，而且……”的即兴智慧，既允许“子弹飞一会儿”，又能在团队需要的时刻及时出现。引导师的中立并不是为了中立而中立，本身也不存在绝对的中立。中立是为了让学员能够吐露和听到更多真实的声音，是为了让学员去思考如何综合面对众人的诉求，是为了让学员能够整合众人的观点形成更有包容性、更代表团队智慧的决策，是为了让学员在现场承诺后仍然有强烈的意愿和动力去落实。引导师要敢于向学员反馈自己对学员的觉察和发现，让学员更有觉察力。只有到达这个阶段，引导师才是一个真正的引导师，引导影响了引导师自身。

第五，引导师要能够坚信引导的力量，将引导和支持团队作为自己的核心技能和事业，相信自我存在的价值感，保持利他之心、爱人之心和宽容之

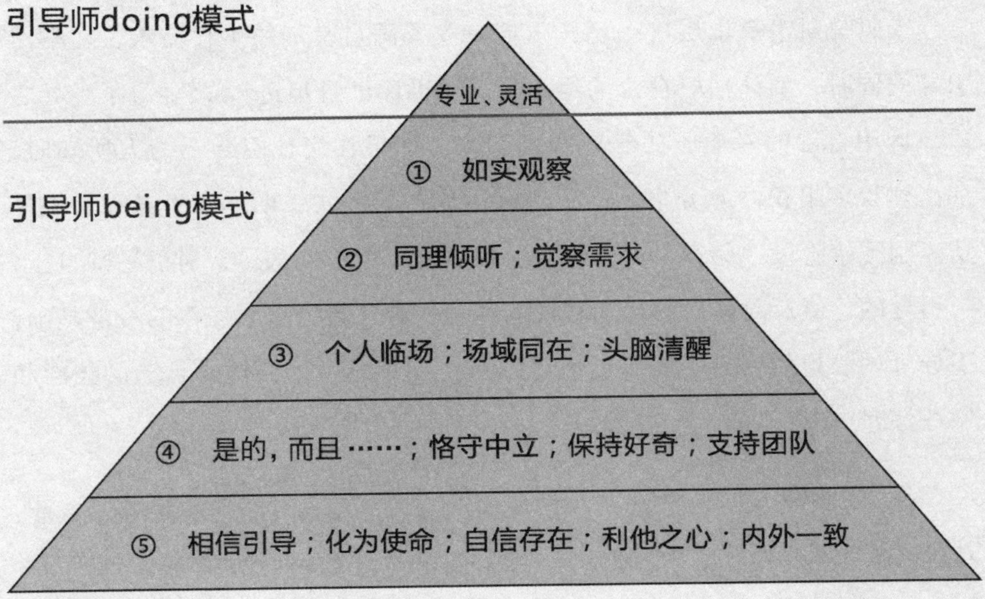

工作坊引导师的冰山模型

心，内外一致、平静温和、活得清澈。到达这个阶段，引导师就像一个光明使者，其存在即对引导的诠释，是对引导本意的发展和传播，眼神明亮温柔，魅力四射。

6.4 引导自己

按照马斯洛需求层次理论，人们首先要满足基本的生存需求，在学习引导的同时，要评估好自己的经济状况，循序渐进地进行；学习了引导之后，运用自己的专业服务赚取合理回报。如果在当地引导不为人所知时，那么建议多组织沙龙分享，但不建议用免费的形式长期推广引导和做工作坊。刚开始阶段“免费”可以作为一种策略，但时间久了，对引导师自己、对引导的价值及对客户的认知来说，都是一种伤害。有了稳定的经济基础，引导师的心也就安定了，然后就可以更主动地思考如何提升自己的技能和服务好客户了。

对于年轻的引导师来说，自信地面对客户，给客户成熟、稳重、专业、负责的感觉至关重要。引导师要努力加强自己对企业的认识、多了解管理的常识，保持对当下的社会和行业大势所趋的了解，让客户感受到自己丰富的阅历、经历和洞见绝对是加分项。当你在你的区域和行业站稳了脚跟之后，接下来，你可能需要的是发展社交关系，包括主动与同行交流、借助行业的交流会互相学习和构建自己的社群。

有了伙伴们的跟随和支持，你会发现自己前行的动力和成就感会更充足，你的责任感也会更强烈。有些时候难免会遇到与同行竞争，记得不要刻意贬低他人，你要做的是显露自己的优势，表达对他人基本的尊重。依据事实讲话，既是对他人的尊重，也是对自己的尊重。如果你发现自己已经爱上了引导，你就会开始发自内心地宣导引导的价值，这也会让他人从你身上感受到引导的魅力。

当你有了更博大的爱时，为行业说话、积极地为行业做建设，也会成为一件无须利益驱动的事情。理想和梦想是驱动和牵引人们自由飞行的动力。引导师不仅要有自己的职业梦想，也要有自己的生活梦想和人生梦想。做自己喜欢做的事情，将内在的想法付诸行动，需要引导师克服内在的恐惧、勇敢迈出去。哪怕失败了，引导师也会越挫越勇、笑对人生。当你自己活得越来越通透和简单时，引导就会成为一种加持的力量，发光的是你，温暖到的是他人。最后提醒，职业引导师以引导为事业，对外推广引导、服务客户，对内也要扮演好家庭守护者的角色，必须同时兼顾平衡，切忌“耕了别人家的地、荒废了自己家的田”。

【老林分享】由内训师成为自由职业培训师

最近，接触了不少水平很高且很上进的内训师，除了交流引导技术和工作坊设计，还会讨论一些问题，我发现大家对“如何成为一名职业培训师”或“如果我将来也做职业培训师，您有何建议”这两个问题特别感兴趣。成为一名职业培训师是一种职业选择，但成为一名不挂靠某家固定机构的自由职业培训师则有很大挑战。以下分享下我的体会、观点和建议，供内训师参考。

从长期来说，内训师想成为自由职业培训师需要提升以下能力。

1）开阔视野、应对不同情况的能力。自由职业培训师必须要应对不同的客户需求，这在一定程度上，使应对复杂培训情况的能力更能得到锻炼和提升。因此，如果你是一名内训师，就应该多找一些机会去其他单位进行交流和学习，以获得更开阔的视野。

2）把握机会、安全交付的能力。除授课技能、课程设计与开发技能外，自由职业培训师所具备的把握机会、安全交付的能力是大多数内训师需要加强的。企业选择自由职业培训师有更大的自主权和灵活性，一定程度上激发了自由职业培训师间的竞争力，也让自由职业培训师非常看重每一次的课程交付和之后的评价。我建议内训师可以将内部客户当成外部客户对其进行服务，努力将每一场培训当成一次个人品牌打造的难得机会，而不是更多考虑自己的课酬。

3）对课程与产品进行定位的能力。由于组织需要，很多内训师不得不讲授很多课程，这在初期是件好事情，但是逐渐会成为幸福的烦恼，毕竟每个人的精力是有限的，讲太多课程很容易消耗专注力，导致精品课程的深入研究乏力。相比较而言，自由职业培训师必须要有清晰的课程或产品定位，以方便机构合作者快速地找到合作机会点。

找到自己的主打课程，既不能闷头闭门造车，也不能盲目跟风。内训师要清楚自己的兴趣、优势和擅长，并能结合市场需要，找到机会点和差异点，这个过程可能需要多一些尝试和一点运气。

我虽然比较早地对自己确定了引导技术这个细分领域，但课程产品也是一直在尝试中，直到现在才相对清晰下来。以下是我的课程推出路线图（见图 6-1），供你参考。

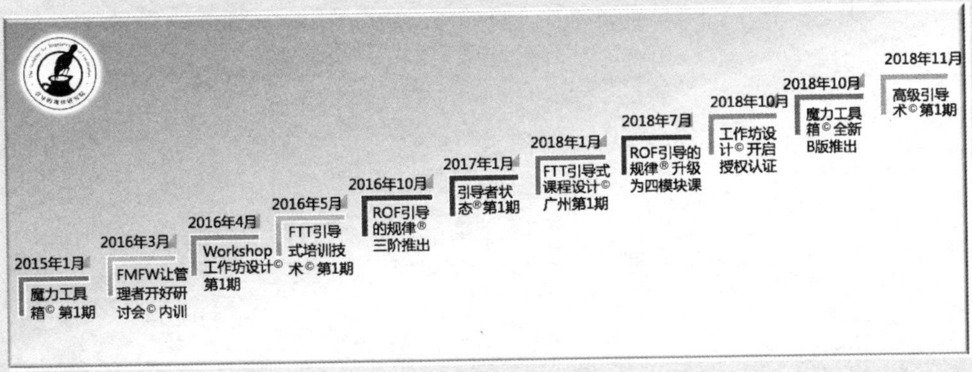

图 6-1 课程推出路线图

品牌定位或品牌标签的寻找与打造要有个过程，先从有一门能够代表自己实力的自己的课程开始吧。

4）品牌营销的能力。有了清楚的产品和课程定位之后，内训师还需要在组织之外打造自己的知名度和影响力。内训师要提前思考一个问题，假如没有组织的背书，还有哪些理由让客户选择跟自己合作，以及客户借助哪些路径找到你。很多内训师转型为自由职业培训师之前，都会学习先进的技术、增加抛头露面的机会、经营自己的自媒体，这在一定程度上都是为“转型”蓄力，多跟前辈交流和学习吧。

坚定、持续地宣传和借势借力宣传是内训师成长得更好的必备技能。

总之，虽然对内训师来说并不是只有自由职业培训师这一条转型路，但是一旦做了这个选择，就应该提前准备、未雨绸缪，同时，把握好时机。外面的世界是残酷的，同时也会让你的生存技能得到锻炼。绝大多数的自由职业培训师都不后悔从企业里面走出来，甚至有人说："出来 1 年比在企业 3 年学到的都多。"

作者寄语

感谢参加过“引导的规律®”四模块公开课（魔力工具箱©、Workshop 工作坊设计©、高级引导术©和引导者状态®）和内训的学员们，是你们的信任和鼓励让我一直走到了现在，没有你们对课程的积极参与、反馈和口碑推荐，就没有这本书，衷心祝福大家早日成为引导规律研究院认证的工作坊引导师。感谢已经选择了引导、工作坊的组织，也感谢推动引导技术在中国创新与发展的国内外同行和机构，一起加油。

参考文献

[1] 大卫 • 库伯. 体验学习——让体验成为学习与发展的源泉 [M]. 王灿明，朱水萍，等译. 上海：华东师范大学出版社，2008.

[2] 苏珊 • A. 安布罗斯. 聪明教学 7 原理：基于学习科学的教学策略 [M]. 庞维国，译. 上海：华东师范大学出版社，2012.

[3] 盛群力，等. 教学设计 [M]. 北京：高等教育出版社，2005.

[4] R. M. 加涅，W. W. 韦杰，K. C. 戈勒斯，J. M. 凯勒. 教学设计原理（第 5 版）[M]. 王小明，庞维国，陈保华，汪亚利，译. 上海：华东师范大学出版社，2007.

[5] 麦克 • 格尔森. 如何在课堂中使用布卢姆教育目标分类法 [M]. 汪然，译. 北京：中国青年出版社，2019.

[6] M. 戴维 • 梅里尔. 首要教学原理 [M]. 盛群力，钟丽佳，译. 福州：福建教育出版社，2016.

[7] 大卫 • 梅尔. 培训学习手册 [M]. 刘安田，张峰，译. 北京：企业管理出版社，2016.

[8] 盛群力，魏戈. 聚焦五星教学 [M]. 福州：福建教育出版社，2015.

[9] 杰罗姆 • 范梅里恩伯尔，保罗 • 基尔希纳 . 综合学习设计：四元素十步骤系统方法（第二版）[M]. 盛群力，陈丽，王文智，译. 福州：福建教育出版社，2015.

[10] 田俊国. 上接战略，下接绩效：培训就该这样搞 [M]. 北京：北京联合出版公司，2013.

[11] 山姆 • 肯纳，等. 结构化研讨：参与式决策操作手册（第 3 版）[M]. 闾永俊，王洪君，译. 北京：电子工业出版社，2016.

[12] 布赖恩 • 斯塔菲尔德. 聚焦式会话艺术 [M]. 杜文君，等译. 上海：复旦大学出版社，2005.

[13] 大卫 • 库珀里德，黛安娜 . 惠特尼. 欣赏式探询 [M]. 邱昭良，译. 北京：人民大学出版社，2007.

[14] 帕蒂 • 麦考德. 奈飞文化手册 [M]. 范珂，译. 杭州：浙江教育出版社，2018.

[15] 西蒙 • 斯涅克. 从“为什么”开始: 乔布斯让 Apple 红遍世界的黄金圈法则 [M]. 苏西，译. 深圳：海天出版社，2011.

[16] 艾伦 • 范恩，丽贝尔 • 梅里尔. 潜力量：GROW 教练模型帮你激发潜能 [M]. 王明伟，译. 北京：机械工业出版社，2015.

[17] 罗伯特 • J. 马扎诺，达雷尔 • 斯科特，蒂娜 • H. 布格伦，明 • 李 • 纽科姆，如何调动

与激励学生：唤醒每个内在学习者 [M]. 吴洋，林森，等译. 北京：中国青年出版社，2018.

[18] 沙朗 • L. 波曼. 4C 法颠覆培训课堂 [M]. 杨帝，译. 北京：电子工业出版社，2015.

[19] 雷格 • 瑞文斯. 行动学习的本质 [M]. 郝君帅，赵文中，沈强铭，译. 北京：机械工业出版社，2016.

[20] 迈克尔 • 马奎特. 行动学习实务操作 : 设计、实施与评估 (第二版) [M]. 郝君帅，唐长军，译. 北京：中国人民大学出版社，2013.

[21] 奥托 • 夏莫. U 型理论 [M]. 邱昭良，王庆娟，译. 北京：中国人民大学出版社，2001.

[22] 蒂姆 • 布朗. IDEO，设计改变一切 [M]. 侯婷，译. 沈阳：万卷出版公司，2011.

[23] 王可越，税琳琳，姜浩. 设计思维创新导引 [M]. 北京：清华大学出版社，2017.

[24] 乔治 • 莱考夫，马克 • 约翰逊. 我们赖以生存的隐喻 [M]. 何文忠，译. 杭州：浙江大学出版社，2015.

[25] Patricia Ryan Madson. 即兴的智慧 [M]. 七印部落，译. 武汉：华中科技大学出版社，2014.

[26] 约翰 • P. 科特，丹 • S. 科恩. 变革之心（珍藏版）[M]. 刘祥亚，译. 北京：机械工业出版社，2013.

[27] 林士然. 基于引导技术的工作坊设计 [M]. 北京：电子工业出版社，2017.

引导规律研究院的引导课程索引矩阵

应用需要	为了做引导	为了做培训	为了开好会
工具课程	魔力工具箱©	魔力工具箱©	FMFW让管理者开好研讨会©
设计课程	Workshop工作坊设计©	从课程设计到工作坊设计©	LAF引导式领导力©
状态课程	引导者状态®	隐喻引导术©、引导者状态®	引导者状态®

学习者	工具课程	设计课程	状态课程
内训师	魔力工具箱©	从课程设计到工作坊设计©	隐喻引导术©
HR、OD	魔力工具箱©	Workshop工作坊设计©	引导者状态®
管理者	FMFW让管理者开好研讨会©	LAF引导式领导力©	引导者状态®
引导师	魔力工具箱©	Workshop工作坊设计©	引导者状态®

反侵权盗版声明

举报电话：（010）88254396；（010）88258888

传　　真：（010）88254397

E-mail：　dbqq@phei.com.cn

通信地址：北京市万寿路 173 信箱

　　　　　电子工业出版社总编办公室

邮　　编：100036